53   54

Freuden-
thal.

Kertsch   Enikale

Arabat   42   38
Karmisch
Kaletschi

31   55

Heilbrun

67.

Herzenberg

28 *Feodosia*

Alt Krimm

36

Otus

Evangelisch-lutherische
Kolonien

1, *Heilbrun*   8, *Otus.*
2, *Zürichthal* 9, *Freudenthal.*
3, *Herzenberg*
4, *Sudak*
5, *Neusalz*
6, *Friedenthal*
7, *Kronenthal*.

che Kolonien

hal.
hal.

che Kolonien

chokrak.
k.
mm.

10   0   10   20   30   40   50 Werst

53

Raymond Vouillamoz

EUGÈNIE, DIE MAGD DES KRETINS

Tagebuch einer Reise

Aus dem Französischen
von Barbara Heber-Schärer

Die Leute sind wahr. Die Geschichte ist wahr. Oder besser, jede Einzelheit ist wahr, aber das Ganze ist nicht wahr … Nein! Das Ganze ist wahr, und die Einzelheiten sind es nicht.

Georges Simenon

Erster Teil

Tagebuch von Frederick Zen Zaenen

1798

Ich habe einen Kropf und leide wie einer von zwanzig Wallisern an leichtem Kretinismus. Ich heiße Frederick Zen Zaenen. Gemäß den Ratschlägen des Herrn Lehrer von Lötschenfellö, einem Dorf im Lötschental, will ich erzählen, was mir von 1798 an passiert ist. Wenn nötig, wird der Herr Professor mir helfen, meine Gedanken genau darzulegen. Den Herrn Professor habe ich unter außergewöhnlichen Umständen kennengelernt. Das werde ich erzählen, wenn die Zeit gekommen ist.

Hätte die Vorsehung mich nicht in einer Patrizierfamilie zur Welt kommen lassen, wäre ich nach meiner Geburt in irgendeiner feuchten Behausung mir selbst überlassen worden – die Sonnenseite war dem Vieh vorbehalten. Meine Eltern hätten auf meine schwächliche Konstitution weniger Rücksicht genommen als auf ihre Tiere, ein Kind ist leichter zu ersetzen als eine Kuh.

Aber durch Gottes Gnade bin ich in einer noblen Familie geboren, deren Vermögen sich jahrhundertelangen Söldnerdiensten verdankt. Seit dem ausgehenden Mittelalter zogen die kühnsten Sprösslinge walliserischer Familien für den Spen-

dabelsten unter den europäischen Monarchen in den Krieg
und kehrten, durch Kopfgeld, Diebstahl und Plünderungen
reich geworden, zurück. Das war der Anfang ihrer Macht, zu-
weilen auch ihres Ruhms. Der gesellschaftliche Aufstieg wurde
in den folgenden Generationen dank Notariat und politischen
Ehren fortgesetzt, auch von Vater.

Als er mich nach meiner Geburt zum ersten Mal erblickte,
zerfurchte sich Vaters Gesicht. Ich war mit einem brombeer-
großen Kropf ausstaffiert. Er wusste, dass das ein erstes An-
zeichen von Kretinismus war. Stellt Euch den Kummer vor,
ein wasserköpfiges Kind zu bekommen, aus dem ein taub-
stummer Erwachsener mit starrem, verstörtem Blick werden
würde, der sich in die Hosen scheißt. Viertausend Walliser
von einer Gesamtbevölkerung von siebzigtausend fallen dieser Geißel zum Opfer. In der Gegend um Rarogne gab es aber
nur wenige, daher war Vater verwirrt. Die Krankheit ist unter
Reichen wie Armen verbreitet, doch die meisten Kretins werden weiter westlich im Unterwallis geboren, wegen der ste-
henden Gewässer in den sumpfigen Ebenen der Rhonewin-
dungen, die von Tierkadavern und dem Auslaugen von Hanf
verseucht sind. Nach Meinung der Geistlichkeit werden Kretins in Trunkenheit gezeugt, aber Vater sagt, «wenn das wahr
wäre, wären alle Walliser Kretins, denn unsere Väter tranken
weniger als wir, aber mehr als ihre Väter», oder umgekehrt,
der Satz verwirrt mich, er gleicht mathematischen Problemen.

In meinen ersten Lebensmonaten versteckten mich Vater und Mutter vor den Augen ihrer Verwandten. Ich habe
kaum je die Sonne gesehen. Sie wäre eine Wohltat für mich
gewesen. Meine Amme rieb mich jeden Tag von oben bis unten mit einem weingeistgetränkten Tuch ab und flößte mir

bei jedem Schwinden des Mondes zu Asche zermahlene Eierschalen ein. Das empfahl der Arzt, um meinen Kropf zum Verschwinden zu bringen, «einen indolenten Tumor der Schilddrüse, eines Organs unbekannter Funktion», erfuhr ich, sobald ich lesen konnte. Eines Tages stellte ich mich schlafend und hörte Vater vorwurfsvoll zu Mutter sagen: «Kretinismus ist erblich, und er kommt aus Eurer Linie, denn kein einziger Zen Zaenen hat je daran gelitten. Die Alten sagten, dass Kretinismus in einer Familie mehrere Generationen nach seinem Verschwinden wieder auftreten kann.»

Dann kamen Jahr für Jahr die schönen Überraschungen. Ich konnte Lesen und Schreiben lernen. Ich spielte das Klavizimbel im richtigen Takt. Das einzige sichtbare Zeichen von Kretinismus waren meine Reproduktionsorgane, die ein großes Volumen haben, und die Onanie, die sogar schon vor der Pubertät starke Anziehungskraft auf mich ausübte. Auf Rat meines Beichtigers ließ Mutter meine Hosentaschen zunähen, damit ich mich nicht mehr berühren konnte.

Ich war kein Aussätziger mehr, sondern ein leichter Fall von Kretinismus. Vater ist überzeugt, dass Erziehung und gute Manieren die Mängel korrigiert haben, die mich quälen. Schwäche in Mathematik und erhebliche Schwäche der Muskelaktivität meiner Beine waren meine sichtbaren Makel in der Adoleszenz, neben einem in meinen Augen schwerwiegenderen Handicap: Ich neige zur Melancholie und heftigen Stimmungsschwankungen, die mich grundlos zwischen Schlaffheit und Überschwang wechseln lassen.

Der Herr Lehrer unterbricht mich und erklärt, dass ohne Napoleons Annexion des Wallis mein Leben und das meiner Familie nicht die Erschütterungen erfahren hätte, die ich mich bereit mache zu erzählen, im Vergleich zur europäischen Geschichte indessen waren sie lächerlich und regional begrenzt. Vater, ein patriotischer Offizier des Oberwallis-Regiments, entschied Ende Herbst 1798, mich aus dem Schloss der Familie zu entfernen, und erklärte mir:

– Napoleon hat beschlossen, ein Regiment aus Wallisern zu bilden. Angesichts des geringen Eifers der Gemeinden bei der Aufstellung von Einberufenenlisten hat der Kaiser die Freiwilligeneinberufung in einen Marschbefehl umgewandelt. Über tausend Walliser zwischen fünfzehn und fünfundvierzig Jahren werden zwangsweise zur französischen Fahne berufen und ihre Familien verpflichtet, ihre Uniformen aus dem im Dorf angebauten Hanf zu weben und zu nähen. Doch unser oberwalliser Volk wird niemals an der Seite dieser Feinde der Religion gegen den katholischen Kaiser von Österreich kämpfen. Eher wird es zugrunde gehen. Unseren Spionen zufolge hat Napoleon die Absicht, uns freie Oberwalliser zu bekämpfen, indem er Soldaten schickt, um uns zu schlagen. Mir liegt nichts daran, Sohn, Euch in diese traurigen Ereignisse verwickelt zu sehen. Ihr seid von zu schwacher Konstitution, um Offizier zu werden, wie es sich für einen Spross der Zen Zaenen geziemt, da werdet Ihr mir zustimmen. So haben wir mit Eurer Mutter entschieden, Euch in Leukerbad in Pension zu geben. Ihr werdet den Aufenthalt nutzen, um medizinische Badekuren zu machen, die gemäß meinen Ärzten helfen werden, Eure Muskeln zu stärken und Eure Stimmungen auszugleichen.

Vater erhebt sich aus seinem Sessel, reicht mir die Hand und schließt:

– Ich weiß nicht, wann wir uns wiedersehen. Gott beschütze Euch, falls ein Unglück geschieht, und bevor Ihr morgen früh abreist, kommt Eure Mutter grüßen.

Offen gestanden bin ich nicht sicher, alles begriffen zu haben, aber ich habe verstanden, dass ich von meinen Eltern getrennt würde. Das hat mich nicht mit Traurigkeit erfüllt. Ich wurde von Amme, Hauslehrer und Beichtiger großgezogen. Meine Eltern schämten sich meiner. Die Lehren der Kirche hinderten sie daran, es zu zeigen. Heute sind sie wegen der militärischen Drohungen der Franzosen entweder aufrichtig um mich besorgt, oder sie nutzen sie, um mich aus den Augen zu haben. Sie hatten einen schwachen Sohn gezeugt und aus Angst, weitere Kretins zu zeugen, seither auf ein eheliches Leben verzichtet.

Am nächsten Morgen konnte ich Mutter nicht an mein Kröpflein drücken. Sie war zu beschäftigt mit ihren guten Werken. Zwei Maultiere warteten mit einem Dienstboten, um mich nach Leukerbad hinaufzubringen, mich und viele Truhen und Kisten, die auf Mutters Befehl gepackt worden waren, als ob ich das Schloss endgültig verließe.

Der steinige und staubige Weg ist steil, und die Sonne brennt. Unsere Maultiere kommen an einer Sänfte am Wegrand vorbei. Etwas später stoßen wir auf Landsleute. Sie mühen sich ab, einen Geistlichen in violettem Habit und mit einem Gesicht von derselben Farbe zu tragen. Er spricht mich auf Französisch an:

– Findet Ihr es normal, dass ein Mann der Kirche, der aus seinem geliebten Frankreich, der älteren Schwester der Kirche, verjagt worden und obendrein noch krank ist, über das Geröll dieses teuflischen Weges laufen muss, während ein junger Mann wie Ihr über ein Reittier verfügt?

Der Wohlerzogenheit halber leihe ich Seiner Eminenz mein Maultier und nehme fünfzig Batzen aus meinem Vorrat, damit seine fünf Träger sich um mein Gepäck kümmern. In einer Schlucht begegnen wir einer ausgehungerten Bauernfamilie, die über den Gemmipass aus dem Berner Oberland kommt. Als wir vorübergehen, drücken sich alle mit niedergeschlagenen Augen an die Felswand. Kommentar Seiner Eminenz:

– Die Religion ist der einzige Ausweg dieser armen Leute. Die menschliche Intelligenz allein fürchtet sich nicht genug vor der Hölle und ist nicht fähig, zwischen Gut und Böse zu unterscheiden, wie die französischen Revolutionäre beweisen. Für sie sind Freiheit und Gleichheit angeblich aus den Evangelien hervorgehende Prinzipien. Mögen sie ewig in der Hölle schmoren, diese Mörder der Vendée-Patrioten, meiner Schäflein und Brüder. Die menschliche Natur ist nicht göttlich, sondern dämonisch.

Ich verzichte darauf, Seine Eminenz zu verstehen. Seine Rede gleicht der von Mutter. Ich bin siebzehn Jahre alt und reise zum ersten Mal in die Berge. In der Ferne dort riesige Gletscher, wilde Kaskaden, ich werde ein zweites Mal geboren. Ich bleibe stehen, um am Wegrand zu pieseln. Ich fange einen Blick Seiner Eminenz auf. Er schielt auf meinen Kretin-Schwengel. Vielleicht ist seiner ungewöhnlich klein.

Grau vom Staub, gelangen wir auf den Dorfplatz. Ich habe von Vater den Befehl, in der Pension Monet zu logieren. Das ist die teuerste, fünfundvierzig Batzen am Tag, zweiundzwanzig für die Dienstboten. Es gäbe in Leukerbad auch welche für den halben Preis. Die Träger Seiner Eminenz stellen mein Gepäck vor dem Hotel ab, und der Maultierführer beeilt sich kehrtzumachen, um vor der Nacht wieder hinunterzukommen.

Ich weiß nicht, wie ich mein Gepäck unterbringen soll. Es gibt weder Schrank noch Regal in der winzigen Kammer. Es klopft an der Tür. Wahrscheinlich der Bedienstete, der, abgesehen vom Trinkgeld, im Preis inbegriffen ist und mir Tag und Nacht zur Verfügung steht. Ich stelle ihn mir alt und vom Rheumatismus gebeugt vor.

– Tretet ein!

Ein liebenswürdiges junges Mädchen öffnet die Tür und macht einen untadeligen Hofknicks:

– Ich heiße Euch willkommen, gnädiger Herr. Mein Name ist Eugènie, und ich werde Euch während Eures ganzen Aufenthalts zu Diensten sein, wenn Ihr möchtet.

Ich eröte bis an die Haarwurzeln. Ich weiß nicht, wie ich mich benehmen soll, da ich von Frauen nichts anderes erfahren habe als Mutters Kälte und die Gleichgültigkeit meiner rundlichen Amme. Fräulein Eugènie, mit ihrem guten Bauernmädchengesicht, frisch wie ein noch am Ast hängender Apfel, sagt ihre Lektion auf:

– Wenn Ihr einen Monat bleibt, so lange, wie die Kur dauert, rate ich Euch, einen Schrank für Eure Sachen zu mieten und eine neue Matratze zu kaufen, um den Wanzen und dem alten Schweiß zu entgehen. Ich kann mich sofort um das Bett kümmern. Der Flöhe ist schwerer Herr zu werden.

Fräulein Eugènie spricht von der Türschwelle aus zu mir. Ich überwinde meine Schüchternheit und bitte sie einzutreten. Sie bleibt mir gegenüber stehen, an die Tür gelehnt, die sie mit einer eleganten Bewegung zugestoßen hat.

– Lasst keine Wertsachen im Zimmer. Die Schlösser schließen nicht recht. Das Morgenbrot in der Herberge ist gut gebacken und köstlich. Das Mittagsmahl wird um elf Uhr serviert. Das Nachtmahl findet um sechs Uhr statt. Für die Bäder wird empfohlen, zwischen sechs und neun Stunden am Tag darin zu bleiben. Wenn ich mir einen Rat erlauben darf, empfehle ich Euch die Morgensession, die um drei Uhr dreißig beginnt. Das Wasser ist in der Nacht erneuert worden. Und noch niemand hat hineingepieselt oder in die Überlaufrinne gespuckt. Ich bringe Euch sofort die für Männer und Frauen gleiche Bade-Uniform, eine Mantille und ein Hemd.

Benommen von so vielen Ratschlägen, bringe ich kein Wort heraus. Mitten in der Nacht aufzustehen, erfüllt mich nicht eben mit Begeisterung.

– Gut, dann lasse ich Euch jetzt nach Eurer langen Reise ruhen.

Fräulein Eugènie klopft das Plumeau, um es zu glätten. Unter ihren Händen raschelt es merkwürdig: Das Plumeau ist mit Maisblättern gefüllt. Beim Nachtmahl sitze ich allein an einem Tisch, betrachte die Stammgäste und werde von ihnen taxiert. Dieses Beobachten und Beobachtetwerden setzt mich in Verlegenheit.

Mitten in der Nacht, noch schlaftrunken, werde ich von Eugènie ins Bad geführt und tauche mit einer Kerze in der Hand ins heiße Wasser. Wie die neunundzwanzig anderen Kurgäste im Becken, ein Durcheinander von Männern und Frauen, Geistlichen und Militärs, Grafen und Flechtenkranken, Kindern und Krüppeln, stelle ich meine brennende Kerze auf ein großes Holzbrett, das auf dem Wasser schwimmt. Manche Stammgäste stellen dort auch ihren Kaffee oder ihre Pfeife ab. Der Geruch hier ist abscheulich, aber man gewöhnt sich daran. Ich bin es nicht gewohnt, keine Unterhose zu tragen, und zittere bei der Vorstellung, man könnte meine übermäßigen Sexualorgane bemerken. Es wird Deutsch, Französisch, Englisch und viel Dialekt gesprochen. Gebrechen werden erklärt, oder man wird zu Abendgesellschaften eingeladen. Eine Klatschbase mit behaartem Kinn und spitzer Zunge spricht mich an. Sie deutet auf einzelne Schatten in dem von den Kerzen notdürftig erhellten Dämmerlicht:

– Der Verkrümmte dort leidet an Ischias, der kahle Priester ist taub und stumm, der Dicke dort vorn hat die Gicht. Die Aussätzigen und von Krätze oder Flechte Befallenen bleiben diskret, beteiligen sich auch nicht an unseren Gesellschaftsspielen. Und ich habe abscheuliche Schmerzen in Hüften und Knien, aber nicht am Donnerstagabend, dem Tag des wöchentlichen Balls. Und Ihr, junger Mann, warum seid Ihr hier?

Die Frage löst mir die Zunge:

– Als Kind war ich kropfkrank, die Geschlechter meiner Eltern hatten sich nicht genug gekreuzt. Davon ist mir eine muskuläre Schwäche in den Beinen mit häufigem Hinken und manchmal Verlust der Empfindungen in den Füßen zurückgeblieben. Vater versichert, dass das heiße Wasser und sein Gehalt an Gipsspan meine rheumatischen Beschwerden und vor allem meine chronische Melancholie lindern werden.

– Ach, wenn Euer Herr Vater das sagt … aber ich sehe keine Melancholie an Euch.

– Meine Melancholie kommt und geht ohne Vorwarnung, wie die Sonne und der Regen.

– Nur Mut, junger Poet.

Es ist Tag geworden. Ich fühle mich mit all diesen Siechen eng verbunden. Eugènie erwartet mich in der Garderobe mit schweren Hosen und einem Flanellhemd. In meinem Zim-

17

mer breche ich auf dem Bett zusammen. Eugènie befiehlt mir nicht, Nachthemd und Schlafmütze anzulegen, und verspricht, mich zum Elf-Uhr-Mahl zu wecken.

Fremde kommen selten durchs Rhonetal nach Leukerbad. Aus Frankreich und Deutschland reisen sie in der Privat- oder Postkalesche über Bern bis an den Fuß der Alpen. Dann werden sie in Sänften über den Gemmi-Pass in den Kurort transportiert. Wenn sie den Zoll zwischen der Schweiz und dem Wallis durchquert haben, nehmen sie den sehr steilen Aufstieg nach Leukerbad in Angriff. Sie müssen die Sänfte verlassen, um mithilfe von Seilen gefährliche Stellen zu überwinden. Diese Reisen sind sehr anstrengend für anfällige, an zahlreichen Krankheiten leidende Personen, deren schwache Gesundheit eben der Grund ihres hiesigen Aufenthalts ist.

Die Gespräche und das Verhalten während des Mahls im Gasthof könnten glauben machen, dass die Kurgäste die zehn Gebote der Religion befolgten. Wie alle wohlgeborenen Walliser wissen Vater und Mutter nichts von den Sitten in den Bädern von Leukerbad, oder sie verschließen die Augen und billigen die Scheinheiligkeit: Die Badehemden lassen trotz ihrer Dicke die Formen der Damen vorne wie hinten erahnen. Die Blicke der Herren sind nicht unempfänglich für die so angedeuteten Reize, was dem Überlegenheitsgefühl des schönen Geschlechts zu schmeicheln scheint, welches sich seinerseits damit begnügen muss, die bauchigen Bäuche des anderen Geschlechts zu bewundern.

Mehrmals im Monat, aber man kennt weder den Tag noch diejenigen, die darüber entscheiden, wird Blindekuh gespielt. Man verbindet einem männlichen oder weiblichen Kurgast die Augen mit einem Band. Der oder die Spielerin versucht mit der Hand, eine oder einen Badenden zu fangen. Der oder die Gefangene wird, wenn er oder sie erkannt wird, selbst zum Jäger. Diese Erholungsübung wird von den Ärzten gefördert, denn die Kurgäste laufen in alle Richtungen, um sich nicht fangen zu lassen. Nach und nach werden die fangenden Hände durchtrieben und lassen sich, gedeckt durch das Spiel, unter lautem Gelächter zu zweideutigen Gesten hinreißen. Nach einer ersten Erfahrung habe ich begriffen, dass meine Anatomie mich daran hindert, an dieser Art Wettstreit teilzunehmen. Wenn eine weibliche oder männliche Hand meine Vorderfront berührt, wird sie hart, und ihr unübliches Maß versetzt den oder die Spielerin so sehr ins Träumen, dass es geschieht, dass er oder sie überrascht das Band abnimmt, wodurch ich in äußerste Verwirrung gerate. Meinem Hirn gelingt es nicht, sich Vater oder Mutter in diesen Becken auszumalen, in denen das Wasser so heiß ist, dass es den Sinn für Sittlichkeit aufweicht.

Beim Verlassen der Bäder werden die Kurgäste Tag für Tag von armen Teufeln bedrängt, die im Staub des Weges sitzen und um ein paar Batzen betteln. Die Anwesenheit dieser Bettler verärgert die Herrschaften, aber es ist sinnlos, sie fortzujagen. Sie kommen so sicher wieder, wie der Tag auf die Nacht folgt. Als wäre der Platz für sie reserviert.

Zwischen den Bädern und der unerlässlichen Ruhe, damit die Segnungen des heißen Wassers ihre volle Wirkung entfalten, vergehen die Tage ohne Verdruss. Heute am Donnerstag ergänzen zwei besondere Termine die Kur: die Saugnäpfe und der Ball.

Das Setzen von Saugnäpfen ist für Menschen mit zu dickem Blut heilsam. Man legt sich auf den Bauch. Ein Krankenhelfer nimmt mit einer Art Gabel ein Saugglas mit brennendem Werg im Inneren und setzt Euch dieses auf den Rücken. Dank dem Vakuum saugt ein Dutzend dieser Näpfe Euer Blut auf, wodurch es verdünnt wird. So behandelt man auch Bronchitis und andere Nasenkatarrhe.

Ich habe meiner Magd versprochen, an dem von den Ärzten empfohlenen Ball teilzunehmen. Tanz peitscht wie die Saugnäpfe das Blut auf, fördert den Auswurf und löst Obstruktionen auf. Mäßiger Schweiß ist segensreich. Mauerblümchen bei den Damen sind selten. Die Herren hier sind wohlerzogen und fordern bei jedem Walzer eine andere Dame auf. Sie wissen, dass sie beobachtet werden, und geben acht, keinen Anlass für anzügliche Bemerkungen zu geben, die am nächsten Morgen im heißen Wasser von den Klatschbasen verbreitet werden. Mit dem Entzücken des Grünschnabels beobachte ich die Luftsprünge und Drehungen. Und meine Magd Eugènie hat Mühe, ihre Beine stillzuhalten, die darauf brennen, loszulegen. Aber fürs Personal: Pustekuchen!

Doch in Leukerbad ist die Welt gut eingerichtet. Auf der Hauptstraße befindet sich neben dem Ballsaal der Kurgäste die Pinte von Laenner, wo sich die Dienstboten nach vierundzwanzig Uhr austoben, wenn sie ihre Herrschaften zu Bett gebracht haben und angeblich selbst schlafen gehen. Eugènie schlägt mir kühn vor, sie dorthin zu begleiten. Neugierig folge ich ihr, um meinen Durst zu löschen. Wegen meiner Muskelschwäche weigere ich mich zu tanzen. Wir kosten Bier um Bier der neuen Schweizer Marke Cardinal, deren erste Fässer gerade hier angekommen sind. Das Getränk verleiht Eugènie Flügel: «Lasst mich Euch führen, Herr. Ihr seid leicht, und ich werde Euch führen.» Wie solcher Aufforderung widerstehen, wenn man für den Rhythmus empfänglich ist? Sie drückt mich fest an ihren Körper, und da sind wir schon mitten in der Polka. Eugènie tut, als spürte sie die Verhärtung meines Unterleibs nicht. Noch mehr Bier. Wenn wir nicht tanzen, lachen wir uns die Seele aus dem Leib. Sie vergisst ihren Stand als Magd. Ich meinen leichten Kretinismus. Um halb drei packt das aus Fiedel und Akkordeon bestehende Orchester zusammen. Die Dienstboten, Männlein wie Weiblein, eilen zurück in die Hotels, Gasthöfe und Pensionen aller Kategorien, um ihre Kurgäste zu wecken und zu den morgendlichen Bädern zu führen. «So ist es jeden Donnerstag», flüstert Eugènie mir zu. «Wir schlafen erst, wenn Ihr in den Becken seid. Das ist unser Sonntag.»

Wir kommen holterdiepolter zu meinem Zimmer. Ich schaffe es nicht, die Tür aufzuschließen. Meine Magd beugt sich zu mir, um mir zu helfen, das Schlüsselloch zu finden, damit ich den Schlüssel hineinstecken kann. Lächelnd führt sie meine Hand. Ihr kleiner Finger verharrt – absichtlich? – auf dem meinen. Das erzeugt ein merkwürdiges Gefühl in mir. Plötzlich wird ihr Gesicht ernst, und indem sie mir direkt in die Augen sieht, sagt sie: «Erlaubt, Herr, dass ich zum ersten Mal im Leben küsse.» Küssen? Was meint sie? Ich weiß nicht, wie. Eugènie nimmt mein Kinn und zieht mein Gesicht zu ihrem. Unsere Lippen sind geschlossen. Sie öffnen sich von selbst, als wir beim Bett angekommen sind. Und ich stürze ins Glück. Debütant, Neophyt, korrigiert der Professor. Ich spüre zwei Mal eine Entladung intensiver, feuchter Schauer, bevor ich in Eugènie eindringen kann, wie es sich gebührt, wenn man ein Mann ist. Wir sind beide ungeschickt, aber unsere Schüchternheit weicht nach und nach Liebkosungen, deren

Kühnheit bis zu dieser gesegneten Nacht der Nächte all meine Fantasien übertraf. Viel später schlafen wir auf der Matratze ein, die schon für eine einzige Person sehr schmal ist. Beim Aufwachen gibt es weder Jungfrau noch -mann mehr. Blut auf dem Leintuch. Wir wagen uns auszuziehen und zu betrachten, nackt und erstaunt. Ich sehe das schwarze Büschel. Haare so lang wie Finger verbergen den Eingang zum Geschlecht. Eugènie errät, wohin ich blicke, und spreizt mit einem Engelslächeln auf den Lippen die Beine. Ich nähere mich diesem dunklen, rot zitternden Geheimnis, und mir steigen Tränen in die Augen. Noch einmal streift Eugènie mit ihrem kleinen Finger den meinen, eine kleine Geste, die unsere Vereinigung besiegelt. Vor Freude weinen, wie ist das möglich? Ich fühle mich neugeboren wie zu Beginn der Welt. Mein Leben lang werde ich mich an diese Nacht erinnern und Eugènie grenzenlos dankbar sein. Mir dreht sich der Kopf, ich kann das alles nicht für mich behalten. Ich vertraue mein Entzücken Herrn Monet an. Er antwortet mir streng:

– Es ist mir gleich, dass Ihr mit einer Magd schlaft, obgleich es auf Eurer Etage vorzügliche Kurgästinnen gibt, die es nur danach verlangt, sich zu zerstreuen und von Euren Attributen zu profitieren. Ihr seid jung und naiv und macht viel Aufhebens um Eure Entjungferung. Ich erlaube mir, im Namen Eures Herrn Vater zu Euch zu sprechen: Ihr habt kein Recht, Euch mit einer Bauernmagd zu zeigen, das würde dem Ruf Eurer Familie und Eurer Zukunft schaden. Vergnügt Euch, bezahlt sie dafür, dass sie Euer Bett macht und zerwühlt, aber ganz diskret, sonst müsste ich es Eurem Herrn Vater berichten, der, ich erinnere Euch daran, zurzeit andere Sorgen hat, die er mit Kaiser Napoleon zu regeln hat.

Herr Monet redet wie zu einem Kind mit mir, das ertrage ich schlecht. Eugènie bringt mich dann zur Vernunft. Sie versichert mir, dass sich, wenn wir nicht allein sind, nichts ändern soll.

– Ihr seid mein junger Herr, ich bin Eure Magd. Das ist die Ordnung der Dinge, wie sie von Gott und unserer so unterschiedlichen Geburt gewollt ist.

Ich komme verspätet zum Nachtmahl und setze mich auf den letzten freien Platz. Mit dem Rücken zu einem Herrn, der neu angekommen ist und von seinen Tischgenossen respektvoll angehört wird. Sie sprechen ein kristallklares Deutsch. Der Herr, der alle Blicke auf sich zieht, ist um die dreißig und hat ein fein geschnittenes Gesicht, Nase und Kinn sind aristokratisch. Im Lauf des Abends erfahre ich seinen Namen, Johann Wolfgang von Goethe, ein Schriftsteller von internationalem Ruf, erklärt der Lehrer. Ich kann nicht umhin, ihm zuzuhören, obgleich sich das, würde Mutter sagen, nicht gehört: «Ein echter deutscher Mann kann keinen Franzen leiden, doch ihre Weine trinkt er gern.» Nach dem Gelächter der Tischgesellschaft wechselt er das Thema, und es ist, als wende er sich direkt an mich: «Natürlich haben wir im Rhonetal Kropfige und Kretins gesehen, aber alle menschlichen Rassen überall auf dem Erdball sind von Kretinismus betroffen, und wir haben dem nicht mehr Gewicht beigemessen als auf unserer Reise durch Savoyen.» Diese Worte ebenso wie die Entdeckung von Eugènies Furche haben dazu beigetragen, die Demütigungen meiner Kindheit auszulöschen, und mich, glaubte ich zumindest, mit meinen Menschenbrüdern zu vereinen. Herr Goethe überquert jeden Tag zu Fuß Berge und Wildbäche. Als Fremder kennt er meine Heimat besser als ich. Ich beschließe, es ihm vom nächsten Tag an gleichzutun. Zum Teufel mit den Bädern. Ich bin nicht mehr leidend. Am ersten Tag gehen Eugènie und ich spazieren, ohne das Dorf zu verlassen, da wir doch noch die Schwäche meiner Beine befürchen. Wir erleben ungekannte Empfindungen, die sicher durch die in der Öffentlichkeit zurückgehaltene Lust aufeinander poetisiert, aber auch von einem neuen Blick auf die Schönheiten der Natur sublimiert sind, dieser den Bergbewohnern oft feindlichen, den Touristen jedoch lächelnden Natur.

Der Postbote kommt während des Elf-Uhr-Mahls im Gasthof vorbei. Er ruft den Namen des Adressaten und bringt die Post an den Tisch. Dann erhält er ein Trinkgeld, das seinen Lohn verdoppelt. Ich erhalte keine Post, weder von Vater noch von Mutter, noch sonst wem, nur einen Umschlag vom Schlossverwalter mit dem Betrag meiner monatlichen Pension und den Batzen für meine kleinen Auslagen. Diesen Monat berichtet der Postbote uns von den Befürchtungen der Leute im Tal. Die Oberwalliser, zu denen wohl auch Vater zählt, haben geschworen, nicht gegen den österreichischen Kaiser zu kämpfen, was den Kaiser der Franzosen rasend gemacht hat, der wohl schon wegen der dürftigen Vorbereitung der unterwalliser Soldaten verärgert war.

Unsere langen und manchmal steilen Wanderungen haben meine Beine gekräftigt und meine Muskeln besser schwellen lassen als die Bäder. Die Empfehlungen meiner Eltern, weder zu laufen noch zu spielen, waren bloße Ideen und keine richtigen Ideen.

An jenem Tag folgten Eugènie und ich einem für uns neuen Pfad, und nach drei Viertelstunden versperrt uns eine

Felswand den Weg. Eine Strickleiter lädt uns ein, hinaufzuklettern, gefolgt von einer zweiten, dann einer dritten, bis zur achten. Die Strickleitern sind nicht an der Felswand festgemacht. Sie hängen lose herab. Das ist gefährlich. Die akrobatische Passage mündet auf dem von den Touristen so gefürchteten Gemmipass. Eine großartige Aussicht auf schroffe Felsen und einen See, dessen Reglosigkeit beängstigend ist. Eugènie und ich sind erregt von unserer Heldentat. Ich weiß nichts, ich kenne nichts, doch in diesen Augenblicken der Begeisterung will ich, dass die ganze Welt uns gehört, und dann schwindet die Freude wieder, und ich fühle mich so unbedeutend, dass ich kaum Lust habe zu atmen.

Tagebuch von Frederick Zen Zaenen

1799

Kommt die Fasnachtszeit. Die Kurgäste freuen sich seit Wochen darauf. Manche kommen jedes Jahr aus Frankreich oder Navarra, um diese Festtage zu erleben. Die Nacht von Montag auf Fasnachtsdienstag ist geschäftig. Die Damen und Herren der europäischen guten Gesellschaft tauschen ihre Kleider mit denen ihrer Dienstboten. So ist man nicht mehr verantwortlich für seine Taten, die ja anderen aufgehalst sind. Die Dienstboten lassen es sich angelegen sein, sich zu betragen, wie ihre Herrschaften sich das ganze Jahr betragen sollten, und die Bourgeois wagen ihren Dienstboten, die für eine Nacht ihre Herren sind, kein schlechtes Beispiel zu geben. Nur echte Begierden steigen an die Oberfläche dieser Narretei. Überschreitungen haben ihren Preis, und jeder in seiner Rolle weiß, dass morgen ein anderer Tag ist.

Die Situation müsste meiner Liebsten gefallen, die so gerne spielt und tanzt. Ich freute mich darauf, mich vor aller Augen in ihren Dienst zu stellen, alle zu täuschen, indem ich sie nicht täuschte. Eugènie unterbrach mich mit heftigem Zorn in der Stimme:

– Sprich mir nie von der Fasnacht und frag nicht, warum, das ist einfach so, und versuch mich nicht umzustimmen.

Das verschlug mir die Sprache, und entwaffnet erklärte ich mich einverstanden.

Zum Gemmipass hinaufzusteigen, ist zu einer wöchentlichen Gewohnheit für Eugènie und mich geworden. Sie lächelt den ganzen Tag: «Ich werde bezahlt, um mir eine schöne Zeit zu machen.» Auf dem Gipfel angekommen, bewundern wir die Aussicht auf die fernen Alpen. Wir haben die Namen einiger Gipfel gelernt, Matterhorn, Dent Blanche, Dom. Heute hat meine Liebste beschlossen, unseren Ausflug zu verlängern und vom Gemmipass auf die Berner Seite hinunterzuwandern. Zum ersten Mal im Leben überqueren wir eine Grenze, diejenige, die das Wallis von der Schweiz trennt. In Kanderschafe, einem Weiler unterhalb des Daudensees, trafen wir inmitten einer Herde Schwarznasenschafe einen sonderbaren Priester. Er verkauft in einer Bude neben der Kapelle Schafskäse an die Touristen, da das Bistum ihm aus Gründen, die Eugènie und ich nicht recht verstanden, den Lebensunterhalt gestrichen hat. Der Herr Pfarrer ist musikbegeistert und zeigt uns in der Kapelle ein Instrument mit ausziehbaren Tasten und Schläuchen aus Schafsmägen. «Das ist eine tragbare Orgel, die ich erfunden habe», sagt er.

Ich setze mich auf den Schemel und finde sofort heraus, wie die Orgel funktioniert, indem ich den Schlauch unter meinem linken Arm zusammenpresse, damit die Luft daraus entweicht, und mit den Fingern der Rechten auf den Tasten spiele. Unter dem zärtlichen Blick meiner Holden erzeugen meine Finger nach und nach Töne. Der Herr Pfarrer richtet sich vor mir auf. Wie bei einem Fehler ertappt, lasse ich los und höre auf zu spielen. «Nein, nein, fahrt fort», sagt er. Schüchternheit lähmt meine Finger. Der Priester stellt weiter keine Fragen, reibt seinen Bauch an meinem Rücken und fragt mich, ob ich Interesse hätte, Orgelspielen zu lernen. Ich verneine, denn ich fühle mich nicht fähig dazu. Eugènie ergreift das Wort:

– Herr Pfarrer, hört nicht auf meinen Freund. Er ist sehr hingezogen zur Musik, aber er weiß nicht, wie er sich anstellen soll.

Seit dieser Begegnung klettere ich regelmäßig die Leitern zum Gemmipass hinauf. Bei der Rückkehr aus Kanderschafe bin ich behilflich, indem ich einige Schafskäse für den Gasthof mitbringe. So sind Eugènie und ich wieder im Frieden mit Herrn Monet.

Ich kann die Verliebtheit nicht erklären, die ich für Eugènie empfinde. Niemand, weder Eltern noch Lehrer, noch Beichtiger haben mich über die Macht der Liebe aufgeklärt. Das Einzige, was meinen Beichtiger interessierte, war die einsame Sünde. Jeden Samstagnachmittag ging ich zur Beichte. Der Priester öffnete das Gitter, das uns trennte:

– Vater, segnet mich, denn ich habe gesündigt.

– Hast du gesundheitsschädliche Berührungen ausgeführt?

– Ja, Vater.

– Allein oder mit anderen?

– Allein, Vater.

– Wie viel Mal diese Woche.

– Zwischen sieben und elf, ich bin mir der Zahl nicht sicher.

Der Herr Pfarrer erhob die Augen zum Himmel und wandte sich direkt an den Herrn: «Mein Gott, mein Gott, vergebt ihm, er ist unschuldig und weiß nicht, was er tut.»

– Hast du andere ungesunde Gedanken?

Ich antwortete «nein», denn diese Worte sagten mir nichts.

Ich glaube, der arme Priester von Kanderschafe ist von diesen unreinen Gedanken verwirrt. Wenn er sich an meinem Rücken reibt, lähmt mich die Angst, ihn zu verstimmen. Eugènie fiel sein schlechtes Benehmen auf, und sie sagte eines Tages, als es nieselte, mit strahlendem Lächeln zu ihm:

– Herr Pfarrer, wisst Ihr, dass Frederick und ich dem Ruf Gottes vorausgeeilt sind und uns auf Leben und Tod vereint haben?

Der Priester blickte uns an und, mit übermenschlicher Anstrengung, lächelte sogleich:

– Möge die Gnade weiter über Euch walten.

Und er hat sich nie mehr mit seinem dicken Bauch an mir gerieben.

Wenn ich Eugènie verlöre, würde ich mich aufhängen oder vom Gemmipass in die Dala stürzen, den Fluss bei Leukerbad, zumindest so viel ist klar.

Wenn ich Eugènie frage, warum sie einen französischen Vornamen hat, woher sie kommt, ob sie noch Eltern hat und warum sie in Leukerbad arbeitet, schneidet sie eine Grimasse, deutet ungefähr in die dem Gemmipass entgegengesetzte Richtung und sagt:

– Ich weiß es nicht. Ich komme von dort unten hinter den Bergen.

Anfang Mai schenkte ich ihr ein ganz mit Bändern geschmücktes Frühlingskleid. In diesem Kleid ist sie so hübsch wie die Hübschesten der Kurgästinnen. Wie wundervoll sie ist! Am Nachmittag sind wir über eine Wiese voller Anemonen gegangen, die unter den Blicken meiner Liebsten noch mehr strahlten.

Vor dem Nachtmahl, als ich tief bewegt den Hinweisen Eugènies auf Liebkosungen an der Stelle, wo sie ihr am besten taten, folgte, schien mir, dass ihr Bauch runder geworden war. Ich tat so, als wäre nichts, aber ich glaube, sie ist schwanger. Diese Aussicht ängstigt mich und macht mich zugleich froh und stolz. Beim Nachtmahl erzählt uns ein nachmittags angekommener französischer Adliger – man nennt sie Emigranten –, dass letzte Nacht die Glocken aller Kirchen und Kapellen in der Rhone-Ebene geläutet haben, um den Beginn der Feindseligkeiten zu verkünden. Die oberwalliser Truppen sammeln sich in Visp und erklären den Franzosen den Krieg. Die französischen Truppen mit dem unterwalliser Regiment kämpfen gegen die oberwalliser Soldaten, und es soll bereits zahlreiche Opfer geben.

Wirre Gedanken gehen mir durch den Kopf. Ich schütze eine schreckliche Kolik vor, um Eugènie zu bitten, im Schlafsaal der Dienstboten zu übernachten, was sie manchmal tut, weil mein Bett so schmal ist. Ich wage ihr nicht zu gestehen, dass ich in aller Frühe versuchen will, meinen Vater zu sehen. Ich ertrage es nicht mehr, dass er mich als feigen Kümmerling betrachtet. Ich wälze mich auf meiner Matratze hin und her, ohne Schlaf zu finden. Ich schreibe meiner Liebsten im Kerzenschein einen Brief:

Eugènie, meine Liebste,

Wirst Du mir verzeihen? Ich habe gestern Nachmittag erraten, dass wir in einigen Monaten Mama und Papa sein werden, und dennoch wirst Du mich heute Morgen nicht sehen. Ich werde zu meinem Vater gehen. Du musst mir verzeihen, dass ich Dir diese Abreise verheimlicht habe. Hätte ich Dir meine Absicht gestanden, wäre es Dir gelungen, mich davon abzuhalten, und ich hätte es mein Leben lang bereut. Ich gebe Dir mein Wort, dass ich so schnell als möglich zurück sein werde. Du kannst bis zu meiner Rückkehr über mein Zimmer verfügen. Ich habe es Herrn Monet bezahlt und ihm gesagt, dass wir wie Ehemann und Frau sind. Das wusste er natürlich. Er ist ein guter Mann, und ich glaube, dass sein Herz uns segnet. Du bist das Teuerste, was ich auf der Welt habe, aber um Dich zu verdienen, muss ich tun, was ich tun muss.

Dein Frederick.

An diesem 25. April 1799 gehe ich den steinigen Weg in die Ebene hinunter, als einziges Gepäck eine Kiepe auf dem Rücken, die hüpft, wenn ich renne. Vom Himmel herab scheint ein königlicher Adler mich zu beschützen. Hinter ihm her fliegen zwei Junge, die noch nicht schweben können wie der Erwachsene und linkisch mit den Flügeln schlagen.

Ich finde Vater im Hauptquartier der oberwalliser Truppen in Loèche. Meine Ankunft ist eine unangenehme Überraschung für ihn. Er befiehlt mir, den Versammlungsraum zu verlassen. Draußen staffieren sich betrunkene, grölende Männer recht und schlecht mit zusammengestoppelten Uniformen und leichten Waffen aus. Ich setze die Kiepe ab. Ich reihe mich unbemerkt in die Gruppe ein, und da bin ich, wie die anderen als Soldat ausstaffiert.

Als die Versammlung des Hauptquartiers beendet ist, kommt Vater in Begleitung seines Vetters Leopold de Sépibus, des Präsidenten des Kriegsrats, Moriz Perrig, und anderer Offiziere heraus. Ich trete vor ihn hin. Über meine Uniform überrascht, packt er mich beim Arm und zieht mich von der Truppe weg. Seinen Zorn beherrschend, sagt er leise zu mir:

– Was Ihr tut, ist unsinnig. Ihr seid kein Mann und noch weniger ein Soldat. Ihr werdet sofort nach Leukerbad zurückkehren und Euch von dieser Uniform befreien, sonst werdet Ihr für einen Deserteur gehalten.

– Vater, trotz des kindlichen Respekts, den ich Euch schulde, werde ich Euch nicht gehorchen. Die Übung hat mich gestärkt, und ich will für mein Land und Euren Namen kämpfen. Wenn Ihr mich nicht aufnehmt, wird die Entehrung auf Euch zurückfallen. Es ist zu spät, uns miteinander zu versöhnen, aber noch früh genug, dass Ihr aufhört, Euren einzigen Sohne für einen Kretin zu halten.

Ich weiß nicht, was mir den Mut verleiht, mich dem väterlichen Willen zu widersetzen, vielleicht die sanfte Festigkeit in der Stimme von Herrn Goethe, die ich im Kopf behalten habe. Wir trotzen uns mit Blicken, und plötzlich gibt Vater nach. Er ruft seine Ordonnanz und befiehlt, mich zum Rekrutierungsbüro zu bringen:

– Das ist mein Sohn Frederick. Sorgt dafür, dass er zu den Rekruten in die Ausbildung kommt.

In diesen tagelangen Übungen habe ich mich mit Unterwallisern angefreundet, die aus den französischen Truppen desertiert waren und sich uns angeschlossen hatten. Geduld, schien mir, ist die wichtigste Tugend eines guten Soldaten. Man wartet auf alles. Auf den Blechnapf. Die Wachablösung. Die Befehle. Die Gegenbefehle. Man langweilt sich, also trinken meine Kameraden Alkohol, gleich welchen, Hauptsache, er vertreibt die Zeit.

Ich höre Vaters Ratschlägen zu, als Leopold de Sépibus herankommt, ein sehr stattlicher Mann und großer Landvogt im Wallis. Er drückt Vater, seinem Vetter, die Hand. Die politischen Überzeugungen von Leopold de Sépibus sind undurchsichtig. Steht er auf der Seite der französischsprachigen oder der deutschsprachigen Walliser? Am einen Tag unterstützt er den Kaiser der Franzosen, am nächsten ändert er seine Meinung, aber nach diesem vom Ausland aufgezwungenen Krieg würden die Oberwalliser für immer darauf verzichten, das Unterland zu unterwerfen. Das versprechen sie sich gegenseitig.

Meine Abteilung, im Pfynwald stationiert, hat den Auftrag, Befestigungen um Loèche und Varen zu bauen, den Eingangstoren zum Oberwallis. Ich habe den Sonderauftrag – Privileg des Sprösslings des Chefs –, ein kleines Vorwerk am Zugang zu der strategisch wichtigen Brücke über die Dala zu errichten, den Wildbach, der von Leukerbad herabkommt. Jeden Abend verlassen wir die Baustelle und verschwinden in den Pfynwald, wo die Wildheit der Rhone empfindsame Gemüter in Schrecken versetzt. Mit Eugènie hatte ich in den Bergen gelernt, die Natur zu zähmen. Was die anderen Soldaten schreckt, karge Höhen, üppige Vegetation, wüstenartige Gegenden, feuchte Flusswindungen, sind für mich Refugien der Ruhe, in denen ich das Fehlen meiner Liebsten und den Atem des Krieges vergesse. Dieser Atem lastet auf mir. Im Gegensatz zu meinen Kameraden betrinke ich mich nicht jeden Abend, um mich für unbesiegbar zu halten. Aber ich werde meine Angst im gegebenen Moment niederringen, um diese verfluchten Franzosen zu schlagen.

Wir sind etwa dreitausend kampfbereite Oberwalliser im Pfynwald, mit Verstärkungen aus Bern und Österreich. Von den Dörflern im Oberwallis, die uns unerschütterlich unterstützen, werden wir gut mit Essen versorgt, aber was die Waffen angeht, sind wir schwach. Wir haben acht kleinkalibrige Kanonen. Doch es fehlt uns an Pulver, Munition, doppelläufigen Flinten und Pistolen.

Viertausend Franzosen, begleitet von widerstrebenden Unterwallisern und Waadtländern, die ihr Land von den Berner Unterdrückern zu befreien hoffen, liegen ein paar Meilen von uns entfernt, westlich von Siders. Es fehlt ihnen an Lebensmitteln, und sie plündern die Vorräte der Einheimischen. Glaubwürdige Augenzeugen berichten unserem Oberkommando, dass die Franzosen in den Dörfern, deutsch- wie französischsprachigen, empörende Raubzüge unternehmen. Vater sammelt eine Schar kampferprobter Freiwilliger, um zu versuchen, diesen Massakern an Zivilisten Einhalt zu gebieten. Mitten in der Nacht wohnt die ganze Truppe in tiefem Ernst ihrem Aufbruch bei. Die Soldaten am Wegrand ziehen ihre Kopfbedeckung, als die Freiwilligen vorbeiziehen. Vater, mit den Augen schon ganz woanders, bemerkt mich in der ersten Reihe des Ehrenspaliers nicht.

Ich werde ihn nicht wiedersehen. Im Morgengrauen in den Weinbergen von Veyras von betrunkenen Franzosen überrascht, wird seine ganze Schar massakriert und er nach minutenlangem Martyrium in einem Weinfass ertränkt. Immer wenn sein Kopf wieder aus dem Wein auftauchte, verhinderten die französischen Trunkenbolde mit feistem Lachen, dass er Luft holte, und stießen ihn mit ihren genagelten Schuhen auf den Grund des Fasses zurück. Am selben Abend noch begleitet mich Leopold de Sépibus trotz seiner schweren Kommandoaufgaben zu Mutter, um ihr die traurige Nachricht zu überbringen. Ich halte mich zurück, weinend in ihre Arme zu stürzen, und ich tue gut daran, denn nachdem sie die Beileidsbekundungen unseres Vetters entgegengenommen hat, wendet sie sich an mich und sagt in gleichbleibendem Ton und ohne Erbarmen mit mir:

– Gott möge Euch beistehen, Euren Vater, dessen Mut Euch ein Vorbild sein sollte, wenn irgend möglich zu rächen.

Besser wird mich bei meiner Rückkehr ins Feldlager ein unerwarteter und berühmter Flüchtling trösten können, mit Worten, die aus seinem Herzen kommen, Seine Eminenz Joseph-Anton Blatter, Fürstbischof des Wallis. Schlechte Behandlung durch die Franzosen befürchtend, ist er zu unseren Truppen gestoßen und verbringt die Nacht in unserem unzulänglichen Feldlager, bevor er sich nach Italien in Sicherheit bringt. Ich habe den Auftrag, über ihn zu wachen.

– Ihr erinnert mich an meine Jugendzeit, lächelt er, als er mich ihn ungeschickt bedienen sieht. In Eurem Alter studierte ich Theologie in Wien. Manchmal muss ich zurückstecken, wie heute Abend. Wie ein Übeltäter muss ich aus meinem Bistum fliehen. Warum kann man nicht menschlichen Fortschritt und Religion miteinander vereinbaren? Und Ihr, wie seht Ihr Eure Zukunft in diesem Europa, dessen Feuer und Schwert sogar unser altes Land infiziert?

Die Fragen Seiner Eminenz machen mich sprachlos. Ich bin siebzehn Jahre alt und weiß nichts. Ich habe Respekt vor allen, da ich von allem nichts weiß. Das nehme ich meinen Eltern übel. Sie haben mir nie etwas zugetraut. Um nicht wie ein Idiot dazustehen, antworte ich Seiner Eminenz, was mir gerade einfällt.

– Ich würde gern Organist werden.

Am nächsten Morgen werde ich im Feldlager festgehalten mit dem Auftrag, Seine Eminenz den Fürstbischof von Sitten zu bedienen und zu beschützen. Die Franzosen versuchen, in unsere Basis einzudringen. Um sie daran zu hindern, brechen unerschrockene Kameraden Steinblöcke los und lassen sie die Felswände des Gorwaschgrats hinab auf die Soldaten rollen. Seine Eminenz scheint dieses Tohuwabohu gleichgültig. Er sagt zu mir:

– Diese Schlachten erscheinen mir, bei allem schuldigen Respekt vor den walliser Behörden und Eurem Herrn Vater, schlecht eingefädelt. Hätten die Franzosen und die Walliser Sunzi gelesen, wüssten sie, dass das Wichtigste bei einer Schlacht die Wahl des Ortes ist.

Da er meine Verständnislosigkeit errät, wechselt Seine Eminenz das Thema. Mit seiner behandschuhten und beringten Hand reicht er mir einen versiegelten Brief:

– Ich habe dich beobachtet. Du bist weder zum Soldaten noch zum General gemacht. Sobald Gott will und du kannst, begib dich zur Pfarrei in Visp. Werde bei Herrn Croz vorstellig, meinem Vidame. Vertraue mir und vertraue ihm.

Am Nachmittag übernimmt eine Stafette die Sorge um Seine Eminenz Blatter und geleitet ihn an einen sicheren Ort, nach Novara in Italien. Mit kindlichen Gefühlen verabschiede ich mich respektvoll. Seine Eminenz segnet mich, indem er mit dem Daumen ein kleines Kreuz auf meine Stirn zeichnet. Davon wird mir leichter ums Herz. Warum, verstehe ich nicht.

In den folgenden zehn Tagen wohne ich von Weitem Scharmützeln bei. Bis zum 27. Mai bleibt jeder auf seiner Position. An diesem Tag kommen die dreitausend von Napoleon eingezogenen Unterwalliser zur Verstärkung. Die Franzosen fühlen sich bereit, uns vernichtend zu schlagen. Ich werde die Feuertaufe erhalten. Das wünsche ich niemandem.

Unsere Kommandanten haben beschlossen, die Franzosen auf beiden Rhone-Ufern anzugreifen. Ich bin nicht in der vordersten Linie, aber ich sehe meine Kameraden unter den Kanonen- und dann den Gewehrkugeln fallen. Um mich herum trunkenes Gebrüll. Neben mir platzt ein Gehirn. Ich pisse vor Angst in meine Uniform. Ich tue es meinen Kameraden gleich und stürze mich auf einen französischen Soldaten. Ich schlage ihn mit dem Gewehrkolben nieder. Er fällt, und sein regloser Körper begräbt mich. Es gelingt mir nicht, mich zu befreien, da mein Bein sich in der Wurzel einer riesigen Kiefer verfangen hat. Sein Kopf muss auf einen Stein gefallen sein, denn er blutet und rührt sich nicht.

Niemand kümmert sich um die Verwundeten, weder auf der einen noch auf der anderen Seite. Sie brüllen vor Schmerzen. Die Todesangst löst panische Tränen aus. Manche stehen trotz gebrochener Gliedmaßen wieder auf und kämpfen weiter. Vagabunden tauchen auf. Sie stehlen die Schuhe der Toten und Sterbenden und rennen zurück in den Wald. Die Kämpfe dauern den ganzen Vormittag. Als es mir endlich gelingt, den Leichnam des Franzosen wegzustoßen, stelle ich fest, dass auch er in die Hose gemacht hat, bevor er starb. Unsere Unteroffiziere sollten uns sagen, wie man die Inkontinenz aus Angst vermeidet. Ich stehe auf und laufe zu unserem Stützpunkt. Ich höre, wie meine Kameraden «Sieg» schreien, doch ich sehe diese ganze ums Leben gebrachte Jugend. Warum diese Toten? Warum diese Krüppel, die für immer eines Beins oder Arms beraubt sind? Muss sich die Welt so drehen?

Statt die erschöpften Franzosen zu verfolgen, um sie ein für alle Mal zu besiegen, öffnen unsere vom Sieg ganz euphorischen Befehlshaber die Champagnerflaschen, die auf dem

Karren eines höheren feindlichen Offiziers gefunden wurden. Sie befehlen uns, im Lager im Pfynwald auszuruhen, ohne Wachen zu ernennen. Diese Nachlässigkeit werden wir teuer bezahlen. Um Mitternacht kehren die Franzosen, ebenfalls betrunken, zurück und stürzen sich mit Gebrüll auf uns. Uns bleibt keine Zeit, uns zu rüsten. Hunderte von uns werden trotz ihrer Tapferkeit von den Soldaten niedergemacht, die von allen Seiten auftauchen wie die Teufel. Völlig aufgelöst treten wir in der Nacht den Rückzug an. Obgleich ein Unwissender unter Unwissenden, verstehe ich jetzt, dass meine Befehlshaber hätten den chinesischen General Sunzi studieren müssen, den Seine Eminenz Blatter kennt, aber mein Vater und seinesgleichen nicht. Das hat so viele Unschuldige das Leben gekostet.

Es gelingt mir, durch die Sturzfluten, die mich auf den Grund ziehen wollen, das rechte Rhone-Ufer zu erreichen. Ich kenne die Gegend und wende mich als einziger Entkommener aus meinem Trupp in Richtung Loèche/Leuk. Im Näherkommen höre ich Schreie, die aus der Hölle kommen. Die Franzosen sind mir zuvorgekommen. Sie plündern das Dorf. Die Bewohner, die sich ergeben, werden mitten auf die Brücke geschleift und in die Rhone gestürzt. In eine Kapelle geflohene Zivilisten werden niedergemetzelt und ihre Leichen bündelweise ebenfalls in den Fluss geworfen, der rot ist von ihrem Blut. Ich erfahre später, dass nach dieser endgültigen Niederlage viele Bewohner der Dörfer und Weiler im Oberwallis, die sich nicht im Gebirge versteckten, umgebracht wurden, Männer, Frauen und Kinder, und ihre Behausungen verwüstet.

Der Herr Lehrer wird mir später erklären, der französische General Xaintrailles, der wegen der Ausschreitungen, die sich seine Truppen zuschulden hatten kommen lassen, zur Rechenschaft gezogen wurde, habe lediglich geantwortet, Napoleon habe ihm «den Befehl gegeben, die Rebellion zunichtezumachen, und seine Truppen seien diesem Befehl buchstabengetreu gefolgt».

Schlotternd vor Verzweiflung kauere ich in einer Aushöhlung am Ufer der Rhone. Es gelingt mir nicht, das Zittern in meinem Körper zu beenden. Der Leichnam einer Frau in walliser Tracht, deren Gesicht im Jenseits Frieden gefunden hat, strandet vor dem Eingang der Höhlung. Ihr Körper, von einem Strudel erfasst, dreht sich langsam wie ein Kreisel, kurz bevor er stehen bleibt. Ich versuche, ihn mit dem Fuß weiterzustoßen. Weiter weg gleiten andere blutüberströmte Leichen vorbei. Wirr gehen mir Bilder von den Kämpfen durch den Kopf. Ich habe mich energisch geschlagen, getrieben von der gleichen Furie wie meine Feinde. Ich habe es gehasst.

Ist Mutter ein Opfer der Plünderer? Sind die verfluchten Franzosen nach Leukerbad hinaufgezogen, nachdem sie Loèche ausgeraubt hatten? Was soll ich tun? Zu Eugènie zurückkehren oder Mutter beruhigen? Was würde Vater tun? Was würde Eugènie tun? Warum hat sie mir nie von ihrer Familie erzählt? Warum hat Vater mich für einen Kretin gehalten? War er ein guter Militärführer? In meinem Kopf verwirrt sich alles. Der Leichnam der Frau verlässt den Strudel und schließt sich den anderen Leichen draußen in der Rhone an. Ihre schöne bestickte Schürze ist an einem Stein hängen geblieben.

Der Ekel vor den Kämpfen, der Schlafmangel und der Hunger sind nicht so mächtig wie mein Verlangen. Mit großen Sprüngen stürme ich die Weinbergterrassen hinauf. Ich nehme den Aufstieg nach Leukerbad in Angriff. Auf dem

Dorfplatz bin ich beruhigt. Hier ist der Krieg nicht angekommen. Mein Zimmer ist abgeschlossen. Herr Monet zügelt meine Ungeduld, so besessen ich auch von dem Wiedersehen mit Eugènie bin. Ich erfahre, dass sie aus Angst vor dem Krieg vor über einer Woche weggegangen ist. Außer mir, schreie ich ihn an:

– Aber wohin, zum Teufel!

– Woher sie gekommen ist? Das weiß ich nicht, zum Donnerwetter! Vielleicht steht es im Dienstbotenregister.

Herr Monet kommt mit der Liste zurück. Ich reiße sie ihm aus der Hand.

– Oha, junger Mann! Das genügt, seid bitte vernünftig!

Herr Monet blättert im Register und zieht ein viermal gefaltetes Blatt heraus:

– Ach, da ist ja der Brief des Professors, der sie mir empfohlen hat. Sie kommt aus dem Dorf Lötschenfellö, einem hoch gelegenen Weiler im Lötschental.

Herr Monet klappt das Register zu und wundert sich:

– Eugènie? Das ist kein deutscher Vorname.

– Herr Monet, sagt mir, wo liegt dieses Dorf?

– Oh, für einen Adler nicht sehr weit, aber es liegt auf der anderen Seite des Gebirges. Am klügsten ist, wenn Ihr zu Fuß oder auf dem Maultier wieder in die Rhoneebene hinab und im Tal einen halben Tag lang flussaufwärts geht, bis Ihr das hinterste Tal im Wallis erreicht, und dieses bis zum hintersten Winkel durchquert. Ein Marsch von mindestens zwei Tagen.

– Ich breche sofort auf.

Herr Monet hält mich zurück.

– Was wird Euer Vater sagen, wenn …

– Vater ist nicht mehr, die Franzosen haben ihn massakriert.

Im Kopf sehe ich die Szene vor mir, Vater in einem Weinfass und von Betrunkenen getreten. Von diesem Bild erschüttert, breche ich über dem Tisch zusammen und ersticke mit meinen Armen die Tränen. Herr Monet berührt mich an der Schulter und bittet mich, zu berichten, was geschehen ist. Als er das Ausmaß der Tragödie ahnt, bemüht er sich, meinen Bericht abzukürzen:

– Frederick, Ihr habt für einen anfälligen jungen Mann sehr schmerzliche Prüfungen durchgemacht. Ich bitte Euch, meine Ratschläge anzuhören, wie Ihr die Eures Herrn Vaters anhören würdet. Geht ein Glas Wein trinken, Suppe und Käse essen und schlafen. Morgen früh werdet Ihr einen klareren Kopf haben, und wir entscheiden dann, was Ihr tut.

Schlafen? Trotz der großen Müdigkeit, wie soll ich schlafen in den Laken, in denen unsere Liebe Zuflucht gefunden hat? Warum hat sie nicht auf mich gewartet?

Ich habe Herrn Monet alles versprochen, was er wollte. Ja, ja, unterwegs würde ich im Schloss Zen Zaenen haltmachen. Ja, ja, ich würde den Heckenschützen Napoleons ausweichen. An der Tür des Gasthofs reicht mir Herr Monet alten Käse und getrockneten Speck für unterwegs, dann drückt er mich an die Brust. Eine solche Geste der Menschlichkeit hat Vater mir nie erwiesen.

Um bergab schneller vorwärtszukommen, rutsche ich manchmal auf dem Hintern durch das frische Gras, das auf meiner Hose grünliche Spuren hinterlässt. In Rarogne ziehen Rauchschwaden an dem von den Franzosen verwüsteten Familiensitz entlang. Ich finde Mutter ganz hinten in der Schlosskapelle versteckt, in den Armen gewiegt von einer Magd, die selbst verängstigt ist, als hätte das Gemetzel gerade erst stattgefunden. Ich habe versucht, Mutter wieder zur Vernunft zu bringen, und ihr geraten, in die noch unversehrten Küchenräume zurückzukehren. Aber in ihren Augen stand nur Leere. Unser beider Herzen blieben ungerührt, und ich habe mich wieder auf die Suche nach Eugènie gemacht.

Ich komme ins Lötschental. Eine Berglandschaft und in der Ferne die unzugänglichen weißen Alpengipfel. Ich durchquere einige Dörfer, die zu abgelegen sind, als dass die Raserei der Franzosen sie erreicht hätte. Die Bauern wissen von der Existenz des Weilers Lötschenfellö. «Es liegt ganz hinten am Gebirge, das letzte Dorf vor dem ewigen Schnee», sagen sie. «Du musst bergauf, immer weiter bergauf. Wenn du nicht weiter bergauf kommst, bist du da.» Bei Sonnenuntergang erreiche ich die ersten Chalets des Dorfs.

Die Gesichter verschließen sich beim Namen Eugènie, doch ein kleines Mädchen, das wie die Erwachsenen ein Kopftuch trägt, führt mich auf meine Bitte zum Chalet des Lehrers, dessen Namen ich nie erfahren werde. Alle nennen ihn Herr Professor. Das kleine Mädchen ist sehr stolz, Lesen und Schreiben zu lernen, Koedukation ist noch sehr selten an Schulen. «Die Schule ist bis nächsten Winter vorbei. Seit Ostern arbeiten die Kinder auf dem Feld, der Professor auch», erzählt sie.

An die noch sonnenwarme Wand des Chalets gelehnt, sehe ich von Weitem den Hausherrn kommen, mit leichtem Schritt, ein kräftiger Vierzigjähriger, die Hände um die Tragriemen einer mit Holz gefüllten Kiepe. Für mich wäre es nach den Kämpfen und den zwei Tagen Fußmarsch eine große Wohltat gewesen, mich zu setzen, aber der Professor nimmt seine Kiepe ab und bleibt stehen. Er scheint nichts von dem kriegerischen Desaster zu wissen, von dem sein Hochtal verschont geblieben ist. Bevor ich ihm von dem Geschehen berichte, komme ich direkt zur Sache:

– Herr Professor, wisst Ihr, wo Eugènie ist?

– Bei ihrer Schwester im Maiensäss.

– Ich muss sie heute Abend noch sehen.

– Man wird sie fragen müssen.

– Wie bitte?

– Mein Herr, Eugènie hat mir gesagt, dass Ihr eine Standesperson seid, aber hier habt Ihr nichts zu befehlen. Besser, ich sage Euch gleich, dass die Situation heikel und sehr kompliziert ist. Ich glaube, wir brauchen vor allem ein Glas Weißen, um uns kennenzulernen.

Der Herr Professor bittet mich in das größte Zimmer seines Chalets, bei den Berglern eine besondere Ehre. Künstlerische Kupferstiche von verschneiten Gipfeln schmücken die Wände. Er erklärt mir:

– Abraham Girardet, ein Kupferstecher aus dem Fürstentum Neuenburg, hat sie mir geschenkt. Er war aus seinem heimischen Le Locle hierher ins Lötschental gekommen, um den Sommer über Skizzen zu machen. Im Herbst machte er daraus Kupferstiche für die englischen Touristen. Er hat mich als Führer genommen, ich war noch ein Kind. Ich geleitete ihn zum Fuß der Berge, und während er zeichnete, lehrte er mich Französisch und Lesen und Schreiben. Dank ihm wurde ich vom Gemeinderat zum Professor ernannt, obwohl ich nie in der Schule gewesen war. Bezahlt werde ich in Kartoffeln, Wein und Roggenmehl. Ich musste Herrn Girardet auch trösten. Ein heftiger Liebeskummer setzte ihm zu, und ich versuchte ohne Erfolg, seine Weinflaschen zu verstecken, damit er zeichnen konnte.

Der Herr Lehrer macht eine lange Pause. Er mustert mich, als würde er meine Seele durchsuchen. Er schlägt einen anderen Ton an:

– Ich werde Euch jetzt Eugènies Geschichte erzählen, die sie selbst nicht genau kennt. Das ist eine Episode in meinem Leben, die mir nicht zum Vorteil gereicht. Meine einzige Entschuldigung ist meine Jugend und das Aufsteigen der Säfte. Vor etwa fünfzehn Jahren waren wir sechs oder sieben junge Kerle, für die es weder im Dorf noch in der Umgebung Mädchen zum Heiraten gab.

Verlegen verstummt der Professor. Er gießt sich ein zweites Glas Wein ein, dann ein drittes, stürzt sie, ohne abzusetzen, hinunter, und fährt fort, diesmal meinem Blick ausweichend:

– Hier in den Dörfern im Lötschental verkleiden sich an der Fasnacht die jungen Mitglieder von Geheimgesellschaften als pelzbedeckte, schreckenerregende Figuren. Wir sind die Tschäggätta. Unter unseren Masken und in unseren Tierfellen sind wir nicht mehr wir selbst und unterwerfen uns dank Bier und Wein den Befehlen der Geister unserer Vorfahren. Meine Bruderschaft umfasste sechs zum Zölibat verurteilte junge Kerle. Nachdem wir uns insgeheim mit den Alten besprochen hatten, die uns in Andeutungen ihren Segen gaben, machten wir uns an ein wahnwitziges Unterfangen. Wir beschlossen, an einen altväterlichen Brauch anzuknüpfen und junge Mädchen aus einem anderen Tal zu rauben, um dem Mangel an Frauen abzuhelfen und Ehen unter Blutsverwandten zu vermeiden. Wir wollten Schurtendiebe werden.

Wir wussten, dass die Fasnacht im Val d'Hérens im Unterwallis, auf der anderen Seite der Rhone, ebenso überschäumend gefeiert wird wie bei uns. Die jungen Männer dort staffieren sich mit strohgefüllten Jutesäcken aus, in denen sie verschwinden und unkenntlich sind wie wir. Unter dem Vorwand, in Siders eine Kuh zu verkaufen, verabredeten wir uns zu einer geheimen Mission.

In der Nacht auf Fasnachtsdienstag legten wir uns auf der Straße nach Lannaz, noch hinter Evolène, ganz am Ende des Tals auf die Lauer. Bei Tagesanbruch kamen, angekündigt von ihrem betrunkenen Geschrei, die in ihren Strohsäcken steckenden Fettwänste vorbei, trunken vor Müdigkeit. Wir sprangen aus dem Gebüsch, verprügelten sie, zogen sie aus, fesselten sie und stopften ihnen Stroh in den Mund, damit sie nicht schreien konnten. In ihrer Verkleidung stürmten wir in den Gemeindesaal von Evolène. Musik, Tanz, Alkoholdunst. Manche der jungen Frauen sind schon seit Beginn der Festivitäten da. Sie schlafen nicht zu Hause. Sie warten. Worauf warten sie? Das wollen sie nicht wissen und ihre Eltern auch nicht. Es ist Fasnacht, eine Zwischenzeit. Wir grunzen wie Schweine und muhen wie brünstige Stiere, um nicht durch Worte unsere alemannische Herkunft zu verraten. Wir schäkern, und auf ein Zeichen packen wir alle sechs ein Mädchen. Unsere Beute ist gefügig, sie zappeln vor Freude, von kräftigen jungen Männern entführt zu werden, die sie zu kennen meinen. Sie folgen uns vertrauensvoll. Eine von ihnen wollte sich nicht von einem kleinen Waisenmädchen trennen, für das sie verantwortlich sei, wie sie sagte. Wir nahmen es mit.

Die Rückkehr ins Lötschental war nicht einfach. Wir mussten Listen erfinden, um bewohnte Orte zu vermeiden, und Gewalt anwenden, damit die Mädchen uns nicht entwischten. Zum Glück machten Hunger, Angst und Müdigkeit sie nach und nach passiver. In Lötschenfellö angekommen, haben wir unsere Gefangenen aufgeteilt. Wir trennten die große von der kleinen Schwester und suchten uns jeder ein Mädchen aus, dann haben wir sie gezwungen zu … zu … um die Wahrheit zu sagen: Wir haben ihnen Gewalt angetan. Eingedenk der von den Alten überkommenen Gesetze geschahen die Vergewaltigungen ohne Perversität. Es war einfach nötig, dass jeder von uns eine Frau besaß, um vor dem Gesetz und der Religion ihr Besitzer zu werden.

Ich weiß zwar von den wilden Gebräuchen der Bergler, doch der Schluss dieses Berichts ließ mir das Blut gefrieren. Also betrugen sich meine Landsleute genauso wild wie die Franzosen. Vater hätte sie wohl geschätzt, sowohl für den Willen, ihr Geblüt zu verbessern, als auch für ihren Mannesmut.

– Vergewaltigt? Ihr habt sie vergewaltigt? Ihr, Herr Professor? Das kann ich mir kaum vorstellen.

– Urteile nicht voreilig, junger Mann. Wir hatten keine Wahl. Als wir das taten, wussten wir, dass sie dann in Evolène für immer entehrt wären und bei uns bleiben würden. Wie vorhergesehen, verdonnerten uns die Alten dazu, so schnell wie möglich in den heiligen Stand der Ehe zu treten. Die Hochzeiten fanden im Frühjahr statt. Außer der meinen sind es gute Ehen mit schon mehr als einem Dutzend Kindern. Da sie für die Entführung Vergebung erlangen wollen, sind meine Kameraden zuvorkommender zu ihren Frauen als die meisten Ehemänner.

– Und das kleine Mädchen ist …

– Ja, es ist Eugènie, eine Waise. Sie war zwei oder drei Jahre alt. Ihre große Schwester, die sich um sie kümmerte, war die mir bestimmte Frau. Zum Glück ist sie nicht schwanger geworden, denn ich war zu gleichgültig gegen das andere Geschlecht, als dass wir uns vertragen hätten. Fatalistisch habe ich nicht weiter insistiert. Wir haben nicht zusammengelebt. Meine Mutter, die Witwe war, hat sie beide aufgenommen.

– Ich will Eugènie sofort sehen.

– Das habt Ihr schon gesagt. Aber sie, will sie das?

– Und warum nicht?

– Du hast ihr ein Kind gemacht und sie im Stich gelassen. Das ist ärger als eine Vergewaltigung.

– Teufel noch mal! Ganz und gar nicht. Bloß wegen des Kriegs.

– Na, na, beruhige dich. Wir gehen zu ihr.

Der Nachthimmel Ende Mai gleicht einem Weihnachtsbild mit Sternen, die aus Goldpapier ausgeschnitten und auf pflaumenblaues Papier geklebt scheinen. Wie fern er ist und gleichgültig gegen unsere Seufzer, dieser ewige Himmel!

Als ich dem kalten Blick Eugènies begegne, weiß ich nicht mehr, wer sie ist, wer ich bin, wer wir sind. Eine Art schwarzer Honig ertränkt mein Hirn. Ich wünschte, nicht zu existieren. Doch ich reagiere und trotze ihrem Blick.

– Ich habe Dir einen Brief hinterlassen. Ich habe Dir alles erklärt.

– Was für einen Brief?

Ich erzähle in einem Zug, ohne Atem zu holen, von meinen Missgeschicken. Am Ende meines Berichts bricht mir die Stimme. Eugènie stürzt sich auf mich, schlägt mit beiden Fäusten auf meinen Kopf ein, und zugleich umschlingt und liebkost sie ihn. Sie fängt an zu weinen. Unsere Schluchzer vereinen sich, und wie man mir erzählt hat, schlief ich an der Schulter meiner wiedergefundenen Liebsten plötzlich ein.

Ihre Schwester und der Professor versuchen, Eugènie davon abzubringen, aber sie handelt nur nach ihrem eigenen Kopf. Sie hat beschlossen, dass die Segnung unseres Ehebunds in Kanderschafe stattfinden soll, in der Kapelle meiner ersten Erfahrungen als Organist.

Ich sage meiner Verlobten immer wieder, wie lang und beschwerlich für ihre Schwester – und den Professor, der sich uns anschließen will – der Weg in dieses Tal sein würde. Sie hört gar nicht zu und antwortet:

– Unterwegs werden wir deine Mutter um ihren Segen bitten und sie mitnehmen.

Von Eugènies Energie mitgerissen, bereiteten wir die Expedition vor. Nachbarn des Herrn Professor liehen uns zwei Maultiere. Als fröhliche Schar kamen wir in Rarogne vor dem Tor zu Schloss Zen Zaenen an. Bei meinem letzten Besuch hatte ich mir ein unzureichendes Bild von den Schäden gemacht, die der Krieg angerichtet hatte. Unser Schloss, ein steinernes Haus mit einem Bergfried, sah traurig aus und war kurz vor dem Einstürzen. Das Feuer hatte die Steine gelockert. Mutter vermeidet es, meine Begleiter anzuschauen, und mustert mich:

– Heirat? Was für eine Heirat? Niemals werdet Ihr meine Zustimmung zu einer solchen Mesalliance erhalten. Ein Zen Zaenen mit einer Bauernmagd. Niemals. Wenn Ihr an diesem verfluchten Plan festhaltet, will ich Euch bis zu meinem oder Eurem Tod nicht mehr sehen.

– Aber Mutter, meine zukünftige Frau ist schwanger. Ihr werdet bald Großmutter sein.

– Statt solche Dummheiten daherzureden, geht zu meinem Beichtiger, damit er Euch auf den rechten Weg zurückführt. Großmutter? Genau das will ich nicht. Ich bitte den

Himmel jeden Tag, dass er mir den Schmerz erspart, wieder einen kleinen Kropfkranken wiegen zu müssen.

– Das ist zu viel. Ich bin genauso wenig Kretin wie Ihr. Ich verbiete Euch, meine Frau zu beleidigen und unserem Kind Unheil zu wünschen. Ich bin es, der Euch nie mehr sehen will.

Der Herr Pfarrer von Kanderschafe sah unsere Hochzeit trotz seinem zärtlichkeitshungrigen dicken Bauch und seiner Leutseligkeit nicht gern. In Abwesenheit unserer Eltern und ohne unsere Taufscheine weigerte er sich, unserer Vereinigung, die schon Früchte trug, den Segen zu erteilen. Aber sobald er von der Zuneigung erfuhr, die Seine Eminenz der Fürstbischof von Sitten zu mir gefasst hatte, wurde er eitel Honig und würdigte meine Leistung an der kleinen Orgel, die wir an die Sonne hinausgetragen hatten.

Wir luden den Herrn Pfarrer ein, uns zu unserem Festmahl im Gasthof Monet in Leukerbad zu begleiten. Sein Wanst machte es ihm nicht leicht, die Leitern am Gemmipass hinaufzukommen. «Das ist mein Kreuzweg», sagte er. Er zerriss sich die Soutane an der achten Leiter, doch er schien es zu schätzen, dass der Professor ihn am Hintern schob. Ein kurioser Gedanke ging mir durch den Kopf. Ein Pfarrer wird nie von anderen Händen berührt als den seinen, und das muss für ihn traurig sein.

Die Großzügigkeit von Herrn Monet machte alle Gäste trunken, auch den Herrn Pfarrer. Ich fühlte mich verpflichtet, ihn in seiner Soutane, die von Eugènies Feenfingern geflickt worden war, nach Kanderschafe zurückzubegleiten. Bevor wir die erste Leiter hinaufkletterten, drehte sich der Herr Pfarrer ohne Vorwarnung um und gestand mir in einem Atemzug: «Ein Kind der Sünde ist schließlich besser, als wenn es in einem Waisenhaus abgegeben wird wie ich.» Es war der Abend meiner Hochzeit, und ich fand nicht die Worte, um mein Mitgefühl auszudrücken. Ich kam erst bei Nacht nach Leukerbad zurück. Herr Monet und Herr Professor, meine süße Gemahlin und ihre große Schwester Lucie, alle beschwipst, lachten aus vollem Hals. Ich tat desgleichen, wenn auch von Sorgen um unser künftiges Leben gebremst. Was sollte aus uns werden, ohne Pension von der Familie, ohne Beruf, ohne Heim?

Den Brief Seiner Eminenz Blatter hatte ich, da ich wusste, dass ich in der Schlacht im Pfynwald zahllose Prüfungen zu bestehen haben würde, in der Höhlung eines Baums versteckt, wo er vor den Soldaten und vor Unwettern sicher war. Die Suche danach ähnelte einem Versteckspiel, solch ein Schalk ist meine Eugènie. Die Freude über die Hochzeit verbarg ihr die Ungewissheiten der Zukunft. Wir liebten uns unter den Sternen. Uns blieb nichts anderes übrig. Gestern noch Sohn hoher Würdenträger, heute ein Habenichts mit nur dem Himmel über dem Kopf als Dach.

Ich übergab den Brief – dessen Inhalt ich noch immer nicht kannte – dem Majordomus des Herrn Coz, Vidame Seiner Eminenz des Fürstbischofs. Nach endlosem Warten empfing mich Herr Coz mit Wohlwollen:

– Lieber Herr Frederick Zen Zaenen, erlaubt mir zunächst, Euch für die empörende Ermordung Eures Herrn Vater durch betrunkenes Gesindel übelster Art mein Beileid auszudrücken. Ich hoffe, dass das Gesuch um Aufklärung der Verbrechen während des Krieges, das der Präfekt von Brig bei den Besatzungsbehörden eingereicht hat, es ermöglichen wird, seine gemeinen Mörder zu entlarven. Zum anderen habe ich erfahren, dass Seine Eminenz Blatter gut in Novara angekommen ist und bereits hat fragen lassen, ob Ihr mich schon besucht habt.

Mein Herz klopft zum Zerspringen. Ich weiß nicht, worauf mich gefasst machen. Ich höre Worte. Ohne sie miteinander zu verbinden:

– Im Dorf Stalden haben wir von einem katholischen irischen Lord ein Danaergeschenk erhalten, eine Orgel. Unserem Pfarrer hat Gott ein vom Rheumatismus gelähmtes Alter auferlegt, und der brave Mann weiß nicht, was er mit der Orgel anfangen soll, die aus losen Stücken besteht. Kurz, er braucht eine Assistenz, um sein Amt weiter auszuüben. Seine Eminenz Blatter schlägt vor, Euch mit Eurer jungen Gemahlin in der Pfarrei niederzulassen, Euch mit dieser neuartigen Orgel vertraut zu machen und den Herrn Priester bei seinen profanen Aufgaben zu unterstützen. Am besten schnellstmöglich.

Wie sollte man nach solchen Neuigkeiten noch an den Absichten der Vorsehung zweifeln?

Unser Kind wurde am 27. November 1799 geboren. Da ich mit der Orgel beschäftigt war, habe ich unseren kleinen Othmar erst am Abend ans Herz gedrückt. Eugènie, die sehr mitgenommen war, habe ich schlafen lassen. Etwas später hat das Weinen des Neugeborenen sie geweckt. Nachdem sie es gestillt hatte, sprach meine Gattin ungewohnt feierlich zu mir:

– Mein lieber Gatte, das will ich nie mehr erleben. Die Geburt war schmerzhaft wegen der Hebamme. Während der Wehen hörte ich sie flüstern, unser Kleines würde gespaltene Füße haben, weil es unehelich gezeugt wurde. Ich habe geglaubt, im Kindbett zu sterben. Bei der Nachgeburt habe ich einen Schwur getan, den ich halten werde. Ich will Hebammenunterricht für mich und die Frauen im Tal.

– Du kannst dir doch nicht selbst bei der Niederkunft helfen!

– Sei nicht einfältig, mein lieber Freund. Wenn Gott uns ein zweites Kind schenkt, will ich genau wissen, was in meinem Körper vor sich geht.

Eine Hebammenschule gibt es im Wallis nicht. Bei den Protestanten in Yverdon gibt es eine, im Norden des Kantons Waadt, mit der Postkutsche drei Tage von Stalden entfernt. Ich habe Eugènie angefleht, auf ihren unsinnigen Plan zu verzichten. Ich habe ihr die Trennung vor Augen gehalten, die Kosten, die Entfernung und die Komplikationen, ja Gefahren wegen der französischen Besatzung.

– Lass es gut sein. Es wird dir nicht gelingen, mich umzustimmen. Ich habe mir ein Versprechen gegeben. Und ein Versprechen ist ein Versprechen.

Ich habe einen schüchternen Engel geheiratet. Und eine Tigerin hat unseren Othmar geboren. Um die Schule und den Aufenthalt mit dem Baby in Yverdon zu bezahlen, habe ich resigniert den Ring verkauft, den mein Vater am Tag seiner Ermordung getragen hat. Voraussetzung für die Zulassung an der Schule ist, Lesen und Schreiben zu können. Eugènie kann es, aber auf Deutsch. Mit Französisch kommt sie dank ihrer Arbeit als Magd in Leukerbad zumindest mündlich ganz gut zurecht.

Nach Weihnachten und dem Neujahrstag begleitete ich Eugènie und den kleinen Othmar bis nach Visp. Als sie in die Postkutsche stiegen, war zu viel Trubel, um uns zu verabschieden, wie es Eheleuten geziemt. Als ich zu Fuß nach Stalden zurückkehrte, hatte ich einen dicken Kloß im Hals.

März 1800

Brief von Eugènie an ihren Mann

Frederick, mein guter Gatte,

Du wirst weder Deinen Sohn noch Deine Gattin wiedererkennen. Othmar ist gesund und munter. Dank den Ratschlägen der Ärzte an der Schule ziehe ich ihn gemäß den neuesten medizinischen Erkenntnissen auf. Die Geburtshelferin hat mir für das Wickeln falsche Anweisungen gegeben. Sie sperrte die Arme ein und zurrte die Bänder zu fest, was die Atmung abschnürt und das Schwitzen verhindert. Jetzt habe ich gelernt, unser Kind wie die Städterinnen zu wickeln, und ich nähre es mit meiner Milch, was Koliken verhindert und ihn kräftigt. Ich werde mit Arzneien zurückkommen: Beifußblättern, Cremor tartari, Eichenrinde. Bald werden wir unser Kind gegen Pocken impfen, um es vor dieser furchtbaren Geißel zu schützen. Der Arzt züchtet Keime dieser Krankheit und wird sie in Othmars Körper inokulieren, indem er ihm eine kleine Wunde zufügt. Das nennt man Vakzination. Unser Sohn ist das einzige Kind in der Schule und wird sehr umsorgt. Der Arzt hat mir auch gesagt, ich soll Dich beruhigen: Othmar hat keinerlei Symptome von Kretinismus, weder einen Kropf noch irgendeine Schwäche. Der

Medizin zufolge sollte man die Kinder und sich selbst mehrmals im Monat waschen und auch die Unterwäsche wechseln. Ich habe keine Erinnerung an meine frühe Kindheit vor meiner Entführung durch die Tschäggäta. Meine Schwester hat mir nicht viel erzählt. Die Mama des Professors hat eingewilligt, mich ohne Unterschied zwischen ihren eigenen Kindern und mir aufzuziehen. Sie war freundlich, doch sie sagte ständig: «Wir leben in einem Tal der Tränen. Das Leben ist wie ein Hufeisen, an beiden Enden geheimnisvoll und hart, solang es dauert. Der Tod wird eine Erlösung sein.» Diese Reden haben mich aufgebracht, obwohl der Tod für mich ein Unbekannter war. Ich wollte, dass das Leben schön ist, ohne dass ich damals viel dafür tun konnte. Sobald ich konnte, und mithilfe des Herrn Professor habe ich in Leukerbad eine Stelle als Magd gefunden. Du, Spross einer bekannten Walliser Familie, hast ein verwaistes und unwissendes Bauernmädchen geheiratet, dem es vorbestimmt war, andere zu bedienen. Und dank Dir und dem Unterricht werde ich nun vielleicht jemand Nützliches werden. Du jedoch hast meinetwegen alles verloren. Das wird mir jetzt erst klar, meine Klassenkameradinnen haben mir die Augen geöffnet. Deine Mutter hat Dich verleugnet und enterbt, und man kann nicht mehr zurück. Heute stelle ich mir Fragen, die ich mir vorher nicht gestellt habe. Ich fühle mich schuldig, Deine Gattin und die Mutter Deines Kindes zu sein. Das verwirrt mir den Kopf, und auch wenn man mir sagt: «Das ist der Wille des Herrn», tröstet es mich nicht. Habe ich Dir nicht das Leben verdorben? Ich bin schwanger geworden, ohne es zu wollen, aber hätte ich alles gewusst, was ich hier in der Schule lerne, hätte mich das aufgeklärt, ohne, wie mir scheint, den Schöpfer zu beleidigen. Die Ideen der Städter und der Protestanten ziehen mich hin zu einer Welt, die, wie ich hoffe, für unseren Othmar besser sein wird.

Ich umarme Dich sehr fest, und ich wäre noch glücklicher, wenn Du mich mit Deinem Besuch überraschen könntest.

Eugènie, die Dich zärtlich liebt.

Tagebuch von Frederick Zen Zaenen
1803

Man begreift nicht recht, was in unseren Gegenden vorgeht. Die französischen Truppen sind zurückgekommen. Das Wallis bleibt ein Vasall Frankreichs. Napoleon behauptet, so handele er für das Gemeinwohl. Stalden liegt nicht auf dem Weg zum Simplon, sonst wäre ich für den Bau der Straße nach Italien eingezogen worden, der im Rückstand ist, was den Kaiser anscheinend erzürnt. Ich habe andere Sorgen. Seit ihrer Ausbildung als Hebamme facht meine Liebste Eugènie, ohne es zu wollen, meine Qualen an, wie der Wind heiße Asche. Die Kriegsumstände haben mich dazu gebracht, mich in eine Bauernmagd zu verlieben, die wohl zu schlau ist für mich. Ich weiß nicht, was tun, um die Lieblosigkeit von Vater und Mutter und ihre falsche Einschätzung meiner Krankheit zu vergessen. Jetzt bin ich Familienoberhaupt, ohne die Unterstützung meiner Familie. Doch dem Himmel sei Dank ist mein Familienname im ganzen Wallis bekannt. Der Respekt, den er einflößt, wird noch gesteigert durch Vaters ungerechte Ermordung an der Spitze seiner Truppen. Zen Zaenen zu heißen, ist ein Vorteil und hat unsere Niederlassung in Stalden ermöglicht, aber für die Einheimischen bleiben wir Leute aus einem anderen Tal, mit anderen Worten Fremde.

Meine Zuflucht ist die Musik. Durch das Tal hier führen Maultierpfade nach Zermatt und Saas Fee. Die neuartige Orgel unserer Kirche lockt durchreisende Musiker an. Ich nutze ihre Ratschläge, um mein Spiel zu verbessern und mein profanes Repertoire zu erweitern, trotz meiner Unkenntnis des Solfeggio. Die Zahl der Besucher in den Walliser Bergen steigt von Jahr zu Jahr. Einge rieten mir, zwischen Heumahd und Grummet in Stalden Orgelkonzerte zu veranstalten. Das sollte ich mit Eugènie besprechen, obwohl sie mit Othmar sehr beschäftigt ist. Sie ist als Geburtshelferin über die Grenzen des Tals hinaus bekannt, doch sie ist auch verrufen, und ihr Freimut könnte uns in Schwierigkeiten bringen, das heißt, mich meine Stelle als Organist der katholischen Kirchgemeinde kosten, eine Beschäftigung, bei der ich mich endlich entfalten kann.

Eugènie nimmt die Dinge nicht so hin, wie sie schon immer waren. Für sie sind Frauen die Gefährtinnen, nicht die Dienerinnen der Männer. Sie sollten über die Zahl der Kinder entscheiden können, die sie aufziehen wollen. «Sogar bei den Wilden Amerikas gibt es Pflanzen, die eine Schwangerschaft verhindern. Die Zahl der Kinder, die wir haben werden, geht nur dich und mich an, nicht den Herrn Pfarrer.» Ich kann den Argumenten meiner Liebsten nicht mehr folgen.

– Ich, fängt Eugènie wieder an, ich glaube an den Fortschritt. Dank den Hebammen wird es weniger Frauen geben, die im Kindbett sterben, und weniger tot geborene Kinder. Ich habe Empfängnisverhütungsmittel kennengelernt, und ich werde sie den Walliserinnen raten.

– Herr im Himmel! Das ist eine Todsünde. Du wirst das ganze Wallis gegen dich aufbringen. Was soll dann aus uns werden?

– Wenn die französischen Revolutionäre solche Angsthasen gewesen wären wie du …

– Die Französische Revolution? Ein Mumpitz, der meinen Vater das Leben gekostet und meine Heimat in Schutt und Asche gelegt hat. Du bist verrückt. Du wirst exkommuniziert, und wir werden aus der Diözese verjagt werden. Du bringst mich dazu, zu bereuen, dass ich dir erlaubt habe, in Yverdon zu lernen.

– Erlaubt?!

– Wenn du mit diesen Protestanten-Ideen unseren Pfarrer und die Dorfbewohner erzürnst, ist das unser Untergang. Denk an Othmar, Himmelherrgott.

Wie einen Schlitten, der uns aus den Händen gleitet und unaufhaltsam den Hang hinabschlittert, treiben Eugènies Überzeugungen uns in den Abgrund. Dabei ist unser Pfarrer uns gegenüber voller Güte. Er hat mir vorgeschlagen, mir die Arbeit in den kirchlichen Weinbergen beizubringen, damit ich meine bescheidenen Mittel aufstocken kann. Dort wird ein Weißwein angebaut, der Païen, der als Wein der weltweit höchsten Lage bekannt ist.

Die Parzellen des Pfarrers liegen neben dem Weingut einer uralten Nachbarin, Thelma, die sicher über achtzig ist. Kürzlich schaute ich ihr zu, als sie vor dem Stall saß und weißes Sommerroggenstroh flocht, um sich daraus einen neuen Hut zu machen. Als sie aufstand, vernahm ich ein anhaltendes dumpfes Geräusch, dessen Ursprung mir ein Rätsel war. Abends habe ich es Eugènie erzählt. Sie lachte:

– Thelma hat gepieselt! Als Honoratiorensohn kennst du dich mit Bauern nicht aus, und mit Bäuerinnen schon gar nicht. Sie haben unter ihren dicken Röcken und Unterröcken keine Unterhosen an. Zum Pieseln spreizen sie einfach die Beine und hopp.

Nachdem sie sich zärtlich über meinen großen, aber, wie sie behauptet, immer trägeren Schwanz lustig gemacht hatte, wurde Eugènie wieder ernst, stützte sich auf ihren Ellbogen und sagte mit ausdrucksloser Stimme zu mir:

– Ich glaube nicht mehr an einen allmächtigen Herrn, und ich will nicht mehr so tun, als ob. Das Paradies muss auf der Erde sein, nicht im Himmel. Es hängt nur von uns ab. Du tust nur so, als ob, um deine Arbeit zu behalten, aber auch du zweifelst an Gott.

Eugènies Dreistigkeit entsetzt mich. Wie ein durchgehendes Pferd reißt sie den kleinen Othmar und mich mit in ein Schicksal, das weder sie noch ich bändigen können. Was tun? Wen um Rat fragen? Niemand im Wallis wird bereit sein, über die Existenz Gottes zu debattieren. Ich will nicht in meiner angeborenen Melancholie dahindämmern. Während ich auf den Knien im Weinberg Unkraut jäte, kommt mir eine Idee. Sie würde bedeuten, auf einen Teil meiner Seele zu verzichten, den, der beim Gedanken an die in den verschneiten Bergen versteckten dunklen kleinen Dörfer vibriert, jene erhabenen Landschaften, die indes auch Zeugen meiner Leiden gewesen sind.

Bei Sonnenuntergang wieder nach Hause zurückgekehrt, setze ich mich auf die noch von der Walliser Sonne gewärmte Bank vor dem Haus. Othmar spielt unter dem zärtlichen Blick seiner Mama mit einer Katze. Ich streichle die klebrige Wange des Kleinen und fange an:

– Im Namen Othmars flehe ich dich an, hör auf zu behaupten, dass Gott nicht existiert. Behalt dieses blasphemische Geheimnis für dich. Wir können nicht im Wallis bleiben. Kehren wir dorthin zurück, wo deine modernen Ideen entstanden sind, nach Yverdon, und konvertieren wir zur dortigen Religion, zum Protestantismus, der dir erlauben wird, deinen Beruf als Hebamme gemäß deinen Überzeugungen auszuüben.

Eugènie schaut mich an wie am ersten Tag. Ihr Glück ist vollkommen, als hätte sie auf meinen Vorschlag nur gewartet:

– Ich kenne einen Protestanten, der ins Wallis geschickt worden ist, um die frisch Konvertierten zu unterstützen. Gehen wir zu ihm.

In dieser Nacht machte sich meine Liebste nicht über meine angebliche Trägheit lustig.

Der protestantische Missionar ist kein Waadtländer, wie ich angenommen hatte, sondern aus Zürich. Im Weinberg hackend, sah ich ihn von Weitem mit Eugènie und Othmar kommen. Ich holte meine kleine Flasche kühlen Wein aus dem Bach, der von den Gletschern herabkommt, und reichte sie ihm. Er wischte mit dem Handballen über den Flaschenhals. Eugènie findet diese Angewohnheit dumm, denn unsere Lippen sind sauberer als unsere Hände. Der Missionar setzte sich auf das Steinmäuerchen und blickte uns alle drei lange an, als versuche er, in unseren Gedanken zu lesen. Er hat uns weder von Gott noch vom Protestantismus gesprochen:

– Ihr arbeitet gern mit den Reben, das sieht man, und das schmeckt man, und Ihr seid auch ein guter Organist, hat mir Eure Gattin erzählt, die selbst eine sehr gut ausgebildete Hebamme ist. Ich habe Euch beiden einen Vorschlag zu machen. Er wird Euer Leben auf den Kopf stellen, als würdet Ihr ein zweites Mal geboren. Der Major Escher aus Zürich gründet auf der Krim eine Kolonie namens Zürichtal, und im nächsten Monat wird eine Gruppe von Schweizer Familien zu den ersten Pionieren vor Ort aufbrechen. Schließt Euch ihnen an und lasst dieses Wallis voller Elend und Aberglauben hinter Euch. Ihr müsst Euch schnell entscheiden. Denn es braucht Zeit, von den Beamten Alexanders I., des Zars aller Reußen, Pässe, Visa und Passierscheine zu erhalten, auch wenn Seine Majestät die Neubesiedlung der Krim ermutigt.

Eugènie ist von dem Vorschlag begeistert. Und ich gebe meine Zustimmung, ohne das Für und Wider abzuwägen, um unsere Familie zu retten und zu vermeiden, dass wir im Wallis aus der Gesellschaft ausgestoßen werden.

Wir unterschätzten die Schwierigkeiten der Behördengänge und wie viel Geld wir für die Emigration aufbringen mussten. Die Reise, die in mit Wachstuchplanen gedeckten Karren geplant war, die Lebensmittel für drei Monate, der Reiseagent und die Gebühren für die Zulassung in der Krim und die Kosten der Niederlassung dort, all das wird von der Basler Firma Zwilchenbart mit zweitausendfünfhundert Batzen in Rechnung gestellt, das sind fünfundzwanzig Louisdor, die Reise vom Wallis nach Zürich nicht mitgerechnet. Wir haben nicht einmal den ersten Batzen.

Was für eine Schmach, dieser Besuch bei Mutter! In ihrer einsamen Witwenschaft gefangen, empfängt sie mich mit einer so demütigenden Verachtung, dass ich Tränen der Scham kaum zurückhalten kann. Schließlich wirft sie mir eine Börse mit Goldstücken vor die Füße, wie man einem Hund einen Knochen hinwirft. Zum Abschied ließ sie widerwillig und mit abgewandtem Blick die Worte fallen:

– Gebt auf Euch und die Euren acht und grüßt Major Escher von mir. Euer Vater schätzte ihn sehr.

Sie erstickte unerwartet ein Schluchzen. Ich hätte mit dem Ruf «Mama» in ihre Arme stürzen mögen. Ich konnte es nicht.

Der sympathische Protestant, der uns zu dem Exil auf der Krim geraten hat, ist, wie ich etwas später entdeckte, ein Hausierer. Er klappert das Wallis auf der Suche nach Emigrationskandidaten ab und erhält dafür von den Organisatoren der Expeditionen nach Russland, in die Vereinigten Staaten von Amerika oder die Länder Südamerikas eine ansehnliche Kommission. Das Elend im Wallis ist ein Geschenk des Himmels für diese Lumpenkerle. Ich habe zu Unrecht Eugènies Scharfsinn vertraut. Ich müsste ärgerlich sein, aber nein. Das Wissen, dass meine Liebste nicht unfehlbar ist, beruhigt mich.

Von den vierundsechzig Personen der Expedition ist Othmar mit seinen drei Jahren der Jüngste. Er sitzt gerne neben mir, wenn ich die vier Pferde unseres Planwagens lenke. Es gibt insgesamt neun Karren und sieben Anhänger für Möbel, Kleider und Lebensmittel (Gebäck, Reis, Mehl, Butter, Schinken, Salz, Kartoffeln, Essig und Wein). Einige Familien haben ein Gewehr dabei, ich ein paar Païen-Setzlinge. Dieser Hochlagenwein sollte in der Krim Wurzeln schlagen. Eugènies Schatz sind mehrere Hebammenbestecke, die sie von der Schule in Yverdon geschenkt bekommen hat.

Die Pferde legen etwa dreißig Kilometer am Tag zurück. Die Monotonie der Tage wird durch die Schikanen der Zöllner und Gendarmen, die Neugier der Bewohner der Ortschaften unterwegs und für mich vor allem durch die Vielfalt der Landschaften durchbrochen. Ich entdecke die Welt. Ich bin hingerissen von den kleinen Tälern, den Flüssen und großen

Städten wie Wien und Prag mit ihren vergoldeten Kirchen und Straßen, die breiter sind als die Rhone. Die eisenbeschlagenen Räder unserer Karren hüpfen über das Pflaster. Eugènie und ich haben so getan, als wären wir Protestanten wie die anderen Siedler. Die Reise gestattet uns, die Riten des Gottesdiensts nachzuahmen und die Gebete zu lernen, um nicht demaskiert zu werden. Im Vergleich zur feierlichen katholischen Messe sind diese religiösen Gebräuche einfach. Die protestantischen Männer und Frauen erleben weniger Druck als die katholischen. Eugènie scheint sich mit diesem Kult abzufinden. Meine eigenen religiösen Gefühle spüre ich schwinden. Liegt das an der Entfernung vom Wallis oder am Einfluss meiner Liebsten?

Von Brno in Moravien über Lviv in Galizien bis Vinnytsia in Podolien durchqueren wir Länder mit Grenzen, die sich immer wieder nach politischen und militärischen Ereignissen verschieben. Einige Etappen waren Albträume. Elend und Hunger der Bauern sind der Preis, den diese als Geiseln genommenen Bevölkerungen für die Konflikte unter den Großmächten bezahlen. Tagsüber schwenken wir das Gewehr, um die vor Dreck schwarzen Frauen und Kinder abzuschrecken, die uns mit Steinen bewerfen, und wir schießen in die Luft, um die Kühnsten oder Mittelosesten daran zu hindern, sich auf unsere Lebensmittel zu stürzen. Nachts stellen wir um unsere kreisförmig angeordneten Karren Wachen auf. Auf meiner Runde hatte ich Zeit, mich nach dem Wallis meiner Kindheit zurückzusehnen, dem Wallis vor dem Despoten Napoleon, vor dessen Rückkehr man sich hier in diesen Gegenden fürchtet, die von den Eroberungskriegen des Kaisers sehr viel stärker verwüstet sind als meine Heimat. Jeden Morgen beim Aufwachen necke ich meine Gattin: «Ach, schau, das Paradies auf Erden ist hier noch nicht angekommen.»

Am späten Nachmittag erreichen wir heute endlich die Krim, durch einen Torbogen in der Mitte einer Brücke. Trotz der Vereinigung der Krim mit Russland 1774, glaube ich, ist nicht die Grenze zu Russland am schwersten zu überqueren, sondern dieser interne Zollposten, der alles kontrolliert, was die Krim betritt und verlässt. Zum ersten Mal sehe ich Kamele. Sie transportieren das auf der Krim im Überfluss produzierte Salz nach Westen. Die Zöllner inspizieren die Karawane und konfiszieren einige Säcke für ihren persönlichen Gebrauch. Wir dagegen warten. Ich gehe mit unserem kleinen Othmar zu den Kamelen. Die Zöllner lassen mich machen. In diesen fernen Gegenden werden Kinder sehr geschätzt, und wie ich bemerkt habe, ist ihr Lächeln oft wirksamer als die Pässe.

Bei Einbruch der Nacht sind wir an der Reihe. Die Zöllner inspizieren Karren um Karren und suchen wegen irgendeines Küchen- oder Gartengerätes Streit. «Wir werden nie auf die Krim kommen», dachte ich. Plötzlich hören wir wirre Schreie, die von der Rückseite des Zollgebäudes kommen. Eugènie begriff schnell: «Das ist das Jammern einer Schwangeren, deren Kind quer liegt.»

Eugènie leitete mit präzisen Gesten die Arbeit der Geburtshelferinnen an. Als das Kind lebend geboren war, gab die Familie ihm den Namen seiner Großmutter, Alma. Und die Mama fügte als zweiten Vornamen Evgenia hinzu. «Ich habe kein einziges Wort von dem verstanden, was gesagt wurde, aber das sind Leute wie wir», erzählte mir meine Frau, die fortan bei ihrem russifizierten Vornamen gerufen wurde.

«Sie beten anders und mehrmals täglich zu einem anderen Propheten. Davon abgesehen lieben sie ihre Familie, bearbeiten den Boden, leiden unter der Armut und feiern, sobald sie können.» Die Kollegen des glücklichen Vaters verzichteten darauf, unser Gepäck zu durchsuchen, und holten viele Korbflaschen mit ländlichem Wodka, die sie vermutlich Händlern auf der Durchreise abgenommen hatten. Ich habe diesen Alkohol zum ersten Mal getrunken. Er hat mich an unseren Traubenschnaps erinnert. Auf leeren Magen hat sich mir der Kopf gedreht. Spätnachts hat der Papa der kleinen Alma, so betrunken wie ich, eine kriegerische Hymne anstimmend feierlich für uns den Schlagbaum geöffnet. Bei Tagesanbruch bin ich in unserer Karawane, später auch in unserer Gemeinschaft nicht mehr Frederick Zen Zaenen, sondern der Mann von Evgenia, der Hebamme.

Wir nähern uns den weiten tatarischen Steppen. Unsere Augen, vor allem die von Othmar, leiden unter dem Staub, der auch in unsere Kleider dringt. Am ersten Abend in unserer neuen Heimat machen wir in einem Tatarenlager halt. Die meisten Einwohner der Krim sind Tataren, mit flachem Gesicht und schrägen Augen, und im ständigen Kampf gegen die früher griechischen, heute russischen Besatzer. Als Nomaden leben sie auf ihren Pferden. Sie bieten uns saure Stutenmilch und Pferdefleisch an. Ein Tatare erbarmt sich der roten Augen unseres Sohnes. Er bringt mir bei, Brillen zu basteln, um uns vor Sonne und Staub zu schützen. Zwei kleine Holzkreise mit einem Spalt zum Sehen in der Mitte. Es funktioniert.

Die Frauen sind in verschiedenen Farben gekleidet. Sie färben sich die Nägel und die Haare. Die Tataren sind liebenswürdig und aufmerksam untereinander und zu uns. Später erzählte man uns, dass ihre Wildheit gegen ihre Feinde grenzenlos ist. Ich hatte keine Gelegenheit, das zu überprüfen, aber es wundert mich nicht. Um in kriegerischen Handgemengen zu überleben, muss man sich verhalten wie ein ausgehungertes wildes Tier.

Nach siebenundneunzig Tagen Drangsal, aber ohne Tote oder Schwerverletzte, sind wir endlich angekommen. Der Name unserer Kolonie, den Major Escher im Voraus festgelegt hat, ist Zürichtal. Wir befinden uns etwa vierzig Kilometer vom Ufer des Schwarzen Meers entfernt, an den Ausläufern des südlichen Kaukasus-Gebirges. Es gibt Obstbäume: Aprikosen-, Pflaumen-, Pfirsich-, Mandel-, Walnussbäume. Sie sind wild und produzieren keine Früchte. An uns, sie fruchtbar zu machen. Im Tal gibt es auch Spuren von den Türken zurückgelassener alter Weinreben.

Diese Ländereien haben die Russen vor etwa zwanzig Jahren den Türken, Armeniern und Griechen abgenommen. Durch einen Ukas des Zaren wurden sie ausländischen Siedlern übertragen mit dem Ziel, Landwirtschaft und Weinanbau zu modernisieren. Im Gegenzug genießen wir Privilegien wie die freie Religionsausübung und die Erlaubnis, in Erziehung und Verwaltung unsere Muttersprachen beizubehalten. Dreißig Jahre lang müssen wir keine Steuern bezahlen, und unsere jungen Männer werden nicht zum Militärdienst eingezogen.

Tagebuch von Frederick Zen Zaenen, 1804

Ich bin der einzige Winzer der Kolonie, aber es erweist sich, dass ich nicht imstande bin, den kleinsten Rebstock wachsen zu lassen. Die Hoffnung auf eine neue Existenz lässt die Geburtenzahlen steigen, in unserer Ehe jedoch nicht. Evgenia hat mir auferlegt, mich zurückzuziehen, damit sie nicht schwanger wird, angeblich, weil sie ständig landauf und landab laufen muss, da ihre guten Dienste als Hebamme so gefragt sind. Im Tausch dafür haben wir alle drei zu essen. Bei der Rückkehr seiner Mama hüpft Othmar jedes Mal vor Freude, und mir verschafft sie eine kleine Atempause, denn mich in Abwesenheit seiner Mutter neben meiner Arbeit um unseren Sohn zu kümmern, kostet mich viel Energie. Die Verbundenheit zwischen Evgenia und mir bröckelt. An manchen Abenden hält sie sich von mir fern wie die Katze vom Hund. Ich weiß nicht, warum, und das deprimiert mich.

Zehn Monate nach uns sind neue Siedler aus Süddeutschland und der Ostschweiz angekommen, darunter einige Männer des Winzerhandwerks. Endlich fühlte ich mich nützlich für die Gemeinschaft, da ich die bescheidenen Brocken Russisch, die ich hier und da aufgeschnappt hatte und die der kleine Othmar korrigierte, anwenden konnte, und bald war ich im Russischen ebenso zu Hause wie im Deutschen.

Wir Deutschschweizer verstehen den schwäbischen Dialekt, und binnen Kurzem vermischten sich unsere beiden Sprachen wie die reformierte und lutherische Religion, aber wir hatten noch immer keinen Pastor. Wir wählten den einzigen Kandidaten, einen in der Religion versierten Schwaben, zum Pastor der Kolonie. Er heißt Othon Welf und ist kein Sektierer. Das passt zu unserer Gemeinschaft, denn vor allem ist uns wichtig, die Kinder mit Lebensregeln großzuziehen, die sich bewährt haben. Wir haben alle zusammen in ein paar Wochen aus Buchenstämmen und -brettern einen bescheidenen Tempel gebaut. Die kollektive Arbeit hat mich aus mir unerfindlichen Gründen mit einer intensiven Freude erfüllt und mein persönliches Unglück vergessen lassen. Am Sonntag darauf leitete Othon unsere Gebete an. In seiner improvisierten Predigt bedauerte er das Fehlen von Musik. Ich sagte ihm, dass ich Organist bin. Wir sind übereingekommen, eine Orgel zu suchen, aber wie? Aus der orthodoxen Liturgie, der vorherrschenden Religion der russischen Herren der Krim, sind Musikinstrumente verbannt. Sie werden seit bald zweitausend Jahren mit der Zirkusmusik aus den Zeiten gleichgesetzt, als die römischen Kaiser zur Zerstreuung des Volks in den Amphitheatern Christen bei lebendigem Leib verbrennen ließen.

Ein paar Tage darauf kam während der Vollversammlung ein unerwarteter Besucher an. Ich war wegen meiner Sprachbegabung mangels anderer Kandidaten gerade zum Lehrer und Othon Welf zum Gemeindepräsidenten gewählt worden. Der

Besucher, Monsieur Jacques Neuilly, ist ein französischer Gelehrter. Evgenia und ich sind die Einzigen, die diese Sprache halbwegs sprechen, und so wurden wir seine Dolmetscher. Um ihm nicht zu missfallen, vermeiden wir es, von Napoleon zu reden. Im Lauf des Gesprächs erwähne ich unsere Suche nach einer Orgel. «Ich habe eine gesehen, im Hafen von Feodosia», sagte daraufhin mein Gegenüber. «Die Schiffsgesellschaft hat die Reisepapiere verloren, und niemand weiß, in welchen Hafen sie geliefert werden sollte. Meiner Meinung nach könnt Ihr sie für ein paar Kopeken erhalten.»

Wir haben eine Flasche Wodka aufgemacht und bis zum Ende der Nacht sympathisiert. Als Monsieur Neuilly erfuhr, dass ich aus dem Wallis komme, wurde er neugierig und bat mich, meine Heimat zu beschreiben. Das habe ich gern getan. Während ich redete, überwältigte mich die Erinnerung an meine Täler. Ich wollte den kindischen Gefühlen nicht nachgeben, doch meine Augen sind feucht geworden.

Am nächsten Tag legten Monsieur Neuilly und ich in einem Karren mit Bänken und einem Pferd, das der Gemeinde gehört, ein Stück Wegs gemeinsam zurück. Zu gegebener Zeit trennten wir uns. Ich schlug die Richtung nach Süden ein, um mich zum Hafen von Feodosia zu begeben, wo ich hoffte, die Orgel zu kaufen, und Monsieur Neuilly wandte sich nach Westen. Einige Augenblicke später bemächtigte sich eine gebieterische Eingebung meiner, und ich befahl meinem Pferd, umzukehren und zurückzureiten. Ich holte den französischen Herrn ein und vertraute ihm meine mit meiner unregelmäßigen Schrift geschwärzten Hefte an. Ich beschwor ihn, sie meiner Mutter oder zumindest den Behörden meines Geburtsortes Rarogne zukommen zu lassen. «Seid beruhigt, mein junger Freund. Ich werde es tun, und falls nötig, den Vicomte François-René de Chateaubriand um Hilfe bitten, der zurzeit französischer Botschafter in Eurer schönen Walliser Heimat ist. Ich habe ihm versprochen, ihn zu besuchen, bevor ich nach Frankreich zurückkehre.» Dann öffnete Monsieur Neuilly seinen Rucksack und überreichte mir im Tausch für die geschwärzten Hefte eines, das noch jungfräulich war. «Ihr werdet schwerlich Papier in dieser Gegend finden, doch ich empfehle Euch, weiter Tagebuch zu führen. Es ist gut, eine Spur zu hinterlassen.» Bevor er mich umarmte, schenkte mir mein Reisegefährte noch einen grauen Bleistift. Ich sah ihm nach, als er sich entfernte, und war stolz auf seine Fürsorglichkeit mir gegenüber.

Ein Hafenwächter in Feodosia erinnerte sich an die verlassene Orgel auf den Quais. Er half mir, sie zu finden. Als ich sie untersuchte, stellte ich fest, dass sie in schlechtem Zustand war, aber dass ich sie mithilfe des Schreiners der Gemeinde reparieren konnte. In Anbetracht des dürftigen Zustands des Instrumentes waren tagelange Verhandlungen notwendig, bis wir uns auf einen vernünftigen Preis einigen konnten, sie verzögerten meine Abreise. Sintflutartige Regenfälle verlangsamten meinen Rückweg. Das Pferd namens Limmat verletzte sich, ich weiß nicht, wie. Sein rechtes Auge ist rot, und regelmäßig rinnen Blutstropfen unter seinem Lid hervor. Ich weiß nicht, was tun, außer das Auge mit Grasbüscheln abzutupfen. Diese Widrigkeiten wirkten sich auf meine Moral aus, auch wenn der wahre Grund meiner Traurigkeit ein anderer ist. Es ist Zeit, mir das einzugestehen. Evgenia hat sich verändert. Ist das meine Schuld? Ich weiß es nicht. Im Lauf der Monate ist sie gegen meine zärtlichen Gefühle gleichgültig geworden.

Sie findet Ausreden, um meine Liebkosungen zu fliehen, und unsere Gespräche scheinen sie zu langweilen. Ich hoffe, diese Spannung zwischen uns ist vorübergehend. Ich schäme mich, sie hier zu erwähnen. Ich möchte nicht, dass Othmar, wenn er alt genug ist zu verstehen, solche Sachen liest, wie man in meinem fernen Wallis sagt.

Die Rückkehr ins Dorf hat mich nicht beruhigt. Evgenia und unser Kind warteten nicht zu Hause auf mich, als ich ankam, erschöpft und traurig wegen des Pferds, dessen Krankheit auf das andere Auge übergegriffen hatte. Mit Vernunft betrachtet, sollte ich nicht unruhig sein. Denn meine Gemahlin ist oft abwesend, um Frauen in den benachbarten Weilern bei der Niederkunft zu helfen. Als es dunkel wurde, legte ich mich allein im Ehebett schlafen. Othmar und seine Mama sind erst am übernächsten Tag gekommen. Othmar fiel mir um den Hals, doch Evgenia küsste mich, zumindest ist das mein Eindruck, mit einer Art Verlegenheit, die ich nicht aus dem Kopf bringe. Meine Eltern hatten mir verboten, über Befehle zu diskutieren. Man musste gehorchen, Punkt. Infolgedessen weiß ich nicht, wie ich mit Evgenia ein offenes Gespräch anfangen soll, um Missverständnisse zu beheben, wenn es Missverständnisse gibt.

Schlechter Arbeitstag: Keinem Handwerker gelingt es, die Orgel zu reparieren. Ich hätte sie nicht kaufen sollen. Meine Reise hat die Gemeinde viel gekostet, und dem Pferd Limmat geht es immer schlechter. Ich habe mich nicht genug um es gekümmert, wird hinter meinem Rücken geflüstert. An diesem Abend fällt Othmar mir nicht um den Hals und überhäuft mich nicht mit Küssen. Er ist nicht da. «Bei einer Nachbarin», erklärt meine Gemahlin. «Ich muss mit dir reden.» Mir schlottern die Beine. Ich setze mich auf meinen Hocker. Evgenia holt den ihren auf der anderen Seite des Tischs und setzt sich neben mich, sodass sie mich nicht mehr direkt anblickt.

– Es ist so, sagt sie, das Hospital in Simferopol bietet mir eine ganzjährige Arbeit an. Ich habe die Absicht, anzunehmen. So wird unser Sohn in eine gute Schule gehen, und ich werde mehr Geld für den Haushalt beitragen. Was hältst du davon?

Mir steigt das Blut in den Kopf und hämmert gegen meine Schläfen. Mein Mund ist trocken. Ich beherrsche mich und antworte fast kalt:

– Aber du wirst nicht morgens aufbrechen und abends nach Hause kommen können. Es ist zu weit.

– Du hast recht, deshalb schlägt der Direktor mir ein Arrangement vor, das mir gestattet, dich mit Othmar und dem Lohn für mindestens zwei oder drei Tage im Monat zu besuchen.

Ich bin verloren. Ich höre mich eine für mich undenkbare Frage stellen:

– Hast du jemanden kennengelernt?

Als wollte sie mir nicht wehtun, antwortet Evgenia, ohne mir in die Augen zu schauen:

– Keineswegs. Der Gynäkologe des Hospitals bewundert meine Arbeit, aber mehr nicht. Ich sage dir noch einmal, diese Lösung scheint mir das Richtige, um unsere Familie am Leben zu erhalten, und damit wir die Lust am Zusammensein wiederfinden wie früher.

Ich entgegne, indem ich wieder den Gleichgültigen spiele:

– Ach! Du gibst zu, dass du mich nicht mehr liebst!

– Keineswegs, aber du weißt so gut wie ich, dass unsere

Ehe in einer Krise steckt, und ich versuche, sie zu retten, indem ich Abstand gewinne und es Othmar erspare, in einer angespannten Atmosphäre zu leben.

Ich habe keine Zeit zu antworten, denn unsere Nachbarin bringt unseren Sohn zurück, der sich die Knie aufgeschlagen hat und weint.

Nach dem Essen gehe ich früh schlafen und warte. Ich warte auf meine Gemahlin. Ich werde sehr zärtlich zu ihr sein und sie mit meinem ganzen Körper und meiner ganzen Seele lieben. Sie wird mir meine Zweifel verzeihen.

Hier bricht Fredericks Tagebuch für fast zwei Jahre ab, mit Ausnahme des Berichts vom Tod des blinden Pferds, der ein Verlust für die Gemeinde war, und für den man Frederick verantwortlich machte. Die Kolonie hat weitere Schwierigkeiten. Die Beziehungen mit den Dörfern der einheimischen Nachbarn verschlechtern sich, und die zaristischen Behörden verhalten sich widersprüchlich. Bald erneuern sie ihre Unterstützung der Siedler, bald drohen sie mit ihrer Ausweisung aus dem großen Russland. Frederick ist von seinem Lehrerposten zurückgetreten, da ihm Kompetenz und Erfahrung fehlen. Seitdem beteiligt er sich nicht mehr an den Aktivitäten im Dorf. Zu dieser Isolierung kommt die Abwesenheit Evgenias und des kleinen Othmar. Bei den monatlichen Besuchen begrüßt sein Sohn ihn nicht mehr überschwänglich. Im Dezember 1807 versucht Evgenia, ihren guten Willen zu beweisen. Sie verbringt Weihnachten mit dem Vater ihres Kindes in der Kolonie.

Tagebuch von Frederick Zen Zaenen

Weihnachten 1807

Heiligabend. Im Schlaf plötzlich ein Neujahrsgeschenk. Ein köstlicher Duft steigt mir in die Nase. Er kommt von Evgenias Haut, deren Duft durch ihr Nachthemd dringt. Ihre geliebte Hand streift meine Hoden und streichelt sie dann liebevoll. Mein Unterleib entflammt sich. Mein Geschlecht richtet sich in seltener Freiheit auf. Da erwache ich und errate den Umriss meiner Herzliebsten neben mir. Sie schläft auf dem Rücken, beide Hände über der Decke. Mein Glück war ein Traum, und das Erwachen ist ein Albtraum. Es war keine Liebkosung meiner neu entflammten Liebsten, sondern mein frustriertes Verlangen, das sich ungestüm gegen die Wirklichkeit durchgesetzt hat. Ein paar Sekunden darauf überkommt mich ein furchtbares Vorgefühl und verwirrt mein armes Gemüt: Mein Leben lang würden nie mehr sanfte, behände, verständnisinnige Finger mein Geschlecht erwecken.

Früh am Morgen hat der vor mir aufgestandene Othmar schon die kleinen Geschenke ausgepackt, die der Weihnachtsmann beim Kamin abgelegt hat. Ich lasse unseren Sohn Geleefrüchte knabbern und gehe zu unserem Bett. Evgenia, das Gesicht ins Kopfkissen vergraben, wird von Krämpfen geschüttelt. Sanft drehe ich sie um. Ich erkenne sie nicht wieder. Mit tränenverquollenen Augen unterdrückt sie ihr Schluchzen, um es vor unserem Sohn zu verbergen. Zärtlich wiege ich sie, doch sie flieht meine Arme. Sie richtet sich auf, trocknet die Tränen mit der Decke und blickt mir in die Augen. Die Liebe meines Lebens stößt in einem Atemzug Worte hervor, die mich durchbohren: «Verzeih mir, dass ich dir jetzt wehtue. Du verdienst es nicht, dass wir in der Lüge leben, doch ich empfinde nichts mehr für dich. Ich habe mich zu lange nicht getraut, mein Leben zu verändern, aber jetzt ist es entschieden. Ich gehe zu Miron. Wie du ahnst, ist das der Gynäkologe, der mir berufliche Ratschläge gibt.» Evgenia hat diesen Verräter beim Vornamen genannt! Das ist zu viel. Da sitze ich, im Nachthemd, auf dem Bett. Ich habe alle Scham verloren. Die Augen von Tränen verschleiert, entgegne ich: «Das kannst du mir nicht antun. Du liebst mich immer noch. Erinnere dich an unser Glück in Leukerbad. Erinnere dich an unser Glück, als wir uns nach dem Krieg wiedergefunden haben. Erinnere dich an unser Glück über die Geburt unseres geliebten Sohnes. Ohne dich hat das Leben keinen Sinn mehr. Es tut zu weh. Ich wünschte, ich hätte nie existiert. Seit unserer ersten Nacht bist du alles für mich. Vor dir war ich ein von den Eltern verachteter Kümmerling.»

So verwandelten sich an diesem Weihnachtsmorgen unsere köstlichsten gemeinsamen Erinnerungen wie der Morgen unserer Entjungferung, so schön wie der Anfang der Welt, in Albträume.

Evgenia weint auch. Unvermittelt springt sie gierig auf

mich, hebt mein Nachthemd hoch, packt mein Geschlecht, das hart wird, und steckt es in ihren Liebesbrunnen. Ich bin unfähig, es zu beherrschen, und mein Sperma dringt in sie ein, ohne den mindesten Genuss für uns beide. Verzweifelt wischt sie sich mit dem Zipfel meines Nachthemds die Tränen ab, erhebt sich und geht zu Othmar und schmust mit ihm. Der Kummer überwältigt mich und lässt mein Herz in tausend Stücke zerspringen, wie der Sturm die Fenster von Palästen.

Liebeskummer kann jahrelang dauern, aber schließlich erlischt er, und das Leben geht weiter, sagt man. Ich glaube nicht daran. Ich bin vernichtet. Ich bin ein Scheißhaufen.

26. Dezember 1807

Der Doktor ist nicht einmal aus der Kutsche gestiegen, um mich zu grüßen. Ein Dienstbote hat das letzte Gepäck von Othmar und Evgenia geholt. Ich erinnere mich weder an den Ort noch die Worte, noch die Gesten meiner Frau und meines Sohnes, um mir ein letztes Lebewohl zu sagen. Vielleicht sind sie gegangen wie Diebe? Langsam entfernt sich der Wagen. Verrückt vor Zorn und Schmerz, hebe ich einen toten Ast auf. Damit schlage ich so heftig mehrmals auf den Boden, dass ich mir die Handfläche verletze. Ich werfe den Ast gegen die Linde, und dabei werde ich auf einen hohen Ast dieses Baumes aufmerksam, der, ich weiß nicht, warum, Hexenbaum genannt wird. Der Ast ist horizontal gewachsen und macht dann einen Knick.

In mir ist eine entsetzliche Leere, die nur Evgenias und Othmars Rückkehr ausfüllen könnte. Ich bin allein, und ich kann mich nicht einmal mit dem Gedanken an Mutter und Vater trösten, denn auch sie haben mich in meiner Kindheit allein gelassen, und das ist eine Todsünde. Mit einem Tritt stoße ich den von meiner Wut zerbrochenen Ast beiseite. Schon bedeckt der Schnee die Radspuren der Kutsche, die meine einzigen Lieben davongetragen hat. Ich erinnere mich an den blendend weißen Schnee, der die Chalets in Leukerbad vor dem Eis schützte. Nichts mehr ist wichtig, und tief in mir lockt etwas den Tod herbei.

Tagebuch von Frederick Zen Zaenen
Dezember 1809

Schon zwei Jahre sind vergangen, seit Evgenia unsere Familie zerstört hat. Gezwungenermaßen lebe ich weiter, aber um die Hälfte meiner selbst amputiert. Ich stehe Tag für Tag auf, ohne Lust auf irgendetwas außer dem Wodka, der meine Hauptausgabe ist. Er ist ein schlechter Gefährte, aber mit ihm kann ich zumindest abends einschlafen. Als ich mich gestern Abend mit vom Alkohol vernebelten Augen niederlegte, wollte ich mir im Kopf die Züge Othmars ausmalen, aber statt dem Gesicht meines geliebten Sohnes drängte sich mir das Bild des horizontal herausragenden dunklen Lindenastes hoch oben auf.

Frederick flocht Tag für Tag sorgfältig Hanf zu einem Strick, einem für den Hausgebrauch unabdingbaren Gegenstand, rechtfertigte er sich. Eines Morgens dann, als dicke nasse Flocken fielen wie bei der Abfahrt von Evgenia und Othmar, klettert Frederick, voll der Erinnerung an den sommerlichen

Lindenduft bei einem Versteckspiel mit seiner geliebten Eugènie in den Wäldern seines Wallis von einst, auf den kahlen Baum. In der Krone angekommen, knüpft er mit unerklärlicher Begeisterung den Strick um den starken abknickenden Ast. Er steckt den Kopf in die Schlinge am anderen Ende des geflochtenen Hanfstricks, und mit abwesendem Geist lässt er seinen Körper ins Leere fallen.

Frederick blieb den ganzen Tag zwischen dem Grau des Himmels und dem Grau der Erde hängen. Die Leitern im Dorf waren zu kurz, um die Baumkrone zu erreichen. Schließlich kletterte ein junger Mann auf den Baum. Er schaffte es, den Strick mit einer Hacke zu durchtrennen, und vom Gezweig gebremst fiel Fredericks Leichnam langsam zu Boden. Bei seiner Beerdigung, der die ganze Gemeinde beiwohnte, vermied der Pastor, von Selbstmord zu sprechen, und hob die Werte der Familie hervor. «Der Ehebruch zerstört Familien und schwächt unsere gesamte Kirchgemeinde, aber unser Glaube muss stark genug sein, um dieses Unglück zu vergeben. Auch Othmar, Fredericks Sohn, wird unsere Gebete brauchen, um über seinen Kummer hinwegzukommen, wenn er vom Tod seines Vaters erfährt.»

ZWEITER TEIL

Für Evgenia waren die Jahre so erfüllt, dass sie ihre ersten Falten nicht kommen sah. Ihr künftiger Mann, Professor Miron Cheremetiev, stellte sie nach dem Verlassen der Kolonie Zürichtal in der Geburtsklinik in Simferopol ein, wo sie eine in diesem Bürokraten-Land wichtige administrative Stellung innehat, doch für sie hat ihre Arbeit als Hebamme Vorrang. Es kommt vor, dass sie den Gynäkologen widerspricht. Ihrer Meinung nach legen sie bei den Geburten zu viel Gewicht auf das Fachliche, ohne sich um die Empfindlichkeit, das heißt die Schmerzen der Gebärenden zu kümmern. Zwei Jahre darauf heiratet sie in zweiter Ehe Miron Cheremetiev, und gleich darauf wird sie für den Hebammendienst im Krankenhaus von Simferopol verantwortlich. Die Liebesheirat veränderte das Schicksal der Walliserin erneut. Sie erstickte ihr schlechtes Gewissen, Frederick Zen Zaenen verlassen zu haben, und ist jetzt eine in ihrem Berufsleben aufgeblühte Frau. Aus Bescheidenheit und weil er sich wegen seiner privilegierten Geburt beinahe schuldig fühlte, hatte Miron Cheremetiev seiner Gattin nicht klargemacht, dass sich ihr mit ihm das Tor zum russischen Allerheiligsten öffnete, zum Kreis der Höflinge am Zarenhof.

Evgenia nimmt diskret Unterricht in Benimmregeln und den im 19. Jahrhundert modernen Tänzen Walzer und Mazurka. Immer gleichgültiger gegen die Religion ihrer Kindheit, willigt sie ohne Weiteres ein, sich für die Heirat orthodox taufen zu lassen. Bei der Zeremonie in der Kirche der Drei Heiligen in Simferopol trägt sie ein weißes Kleid, und ihr Gatte legt ihr ein kleines goldenes Kreuz um den Hals. Die hellen Augen des zwanzig Jahre älteren Ex-Junggesellen Miron strahlen im Schein der Kerzen, die die Kirche erhellen, vor Bewunderung. Mit seiner Frau entdeckt er die Lebensfreude, und da ein Glück das nächste nach sich zieht, wird der Medizinprofessor auf Empfehlung eines Großcousins des Zaren zum Generalgouverneur Tauriens ernannt, eines südlichen Bezirks des russischen Zarenreichs. Bei der feierlichen Amtseinführung erfahren Othmar und Evgenia aus dem ungeschickten Mund eines Staatsbeamten aus der Region Zürichtal vom Tod Fredericks. Die zeitliche und räumliche Ferne der Erinnerungen an ihr einstiges Leben dämpft Evgenias Mitgefühl. Und Othmar lässt dieser Selbstmord fast gleichgültig, ja, er verjagt unbewusst das Bild des abwesenden Vaters aus seinem Gedächtnis.

Die Jahre vergehen, und Evgenia, eine gute Beobachterin, hat bei der Entbindung der Frauen auf der Krim schon alles, oder fast alles gesehen. Arme Bäuerinnen, Opfer ihrer armen, alkoholkranken Männer, Beamtenfrauen, die sich wichtigmachen, selbst wenn ihre Männer nur winzige Rädchen im Staatsapparat sind, Frauen von Höflingen, eine und einer serviler als der oder die andere. «In diesem Land gibt es nur einen freien Mann, und das ist der Zar aller Reußen», flüstert ihr Miron Cheremetiev zu, der ein Anhänger des Liberalismus ist, aber nur insgeheim. «In Russland ist alles erlaubt», vertraut er Evgenia auf dem Kopfkissen an, «vorausgesetzt, niemand weiß davon.» Die politischen Gespräche unter den Eheleuten werden lebhafter, als der künftige Zar Nikolaus I. im Juli 1817 alle Provinzgouverneure zur Feier seiner Hochzeit mit der Tochter des Königs von Preußen, Prinzessin Alexandra Fedorovna, nach Petersburg einlädt.

Othmar, der achtzehnjährige Sohn von Frederick und Evgenia, begibt sich mit auf die Reise. Die Reise vom Süden Russlands in den Norden ist zweitausend Kilometer lang und beschwerlich.

Tagebuch von Evgenia Cheremetiev
1817

Unsere Dienstboten laden die Koffer in eine große Britschka (Kutsche), die von zwei Pferden mit zotteligem, langem Haar gezogen wird. Diese Expedition von Simferopol nach Petersburg erinnert mich an meine erste Liebe Frederick und die Opfer, zu denen er bereit war, damit ich mein Leben leben konnte. Bin ich eine abscheuliche Egoistin, weil ich mich für mein Schicksal entschieden, ihn verlassen und um die Freude gebracht habe, seinen Sohn aufwachsen zu sehen? Die Zeit vergeht, und statt dass sie die Erinnerung an den Mann, der mir so viel bedeutet hat, endgültig ausgelöscht hat, bringt sein Selbstmord sie wieder an die Oberfläche und bedrängt mich wie ein böser Traum. Andere Ängste schwirren mir durch den Kopf, während Miron mir hilft, in die Kutsche zu steigen. Man könnte meinen, dass er meine Reue ahnt, so zurückhaltend ist seine zärtliche Geste. Othmar, der uns gegenübersitzt, ist eingeschüchtert von seinem Stiefvater, den er kaum kennt, und beeindruckt von der Soldateska, die uns begleitet, als wären wir eine offizielle Delegation. Othmar wohnt nicht bei uns. Er studiert Veterinärmedizin und macht ein Praktikum in Mangup, in der Nähe einer alten Höhenfestung. Deren Überreste dienen als Ställe für die Wildpferde, die in der Gegend gefangen werden, und um an seinen Arbeitsort zu kommen, überquert mein Sohn jeden Tag einen riesigen jüdischen Friedhof. Bringt er diesen Friedhof mit dem tragischen Schicksal seines Vaters in Verbindung? Er scheint einen Schleier der Scham über seine von den vielen Umzügen verstörte Kindheit geworfen zu haben. Ohne persönliche Wurzeln in seinem Heimatland passt sich seine Vorstellungswelt der Umgebung an wie Wasserhyazinthen den Fluten der Flüsse.

Der erste Reisetag endete schlecht. Auf dem unbefestigten, kaum sichtbaren Weg ist die Federung der Vorderachse unserer Kutsche und infolge der ungebremsten Schläge das linke Rad gebrochen. Zum Glück kamen wir gerade an einem Herrenhaus vorbei, das uns für die Nacht aufgenommen hat. Der Hausherr Kostliakin erklärte Othmar, dass die Bauern und ihre Familien in seinen Diensten Sklaven sind, sogenannte Leibeigene. Sie sind sein Eigentum. Überrascht stellte ich fest, dass es in diesem Herrenhaus keine Betten für die Dienstboten gab. Die Dienerinnen schlafen auf dem Hängeboden, die Diener in der Diele, auf den Treppen oder auf dem nackten Boden. Auch Miron und Othmar haben auf dem Boden geschlafen. Kostliakin hielt es für richtig, mir das einzige Ledersofa im Gemeinschaftsraum anzubieten. Müde, wie ich von der Reise war, schlief ich ein, sobald ich die Augen geschlossen hatte. Nicht einmal fünf Minuten später erwachte ich vom Gewimmel Hunderter Flöhe. Ich habe die Nacht mit dem Versuch zugebracht, sie von meinem Mantel und meinen Stiefeln zu verjagen. Am Morgen lächelte der Hausherr über mein Missgeschick, das in Russland ganz verbreitet ist, versicherte er mir. Schmiede und Zimmerleute, alles Leibeigene, hatten die ganze Nacht gearbeitet und unseren Wagen repariert.

Drei Wochen später erreichten wir die Tore Moskaus. Ich freute mich darauf, den Kreml zu besichtigen, «einen Palast, so groß wie eine Stadt», sagte unser Kutscher, aber es fehlte eine Transporterlaubnis für unsere Militäreskorte, und wir mussten über Krasnogorsk im Westen Moskaus weiterfahren. «Russland ist das Land der unnützen Formalitäten», murmelte mein lieber Gatte.

Wir näherten uns Petersburg. Die Landschaft ist seit Tagen von trostloser Monotonie. Verkrüppelte Kiefern, ausgehungerte Birken, graues Gebüsch, so weit man sieht.

Werde ich je die flammenden Herbste meiner Walliser Heimat wiedersehen? Die sanften Hügel von Zürichtal? Da sind wir auf der breitesten Avenue in Petersburg, dem Newski Prospekt. Ich werde sie als eine zu breite Straße in Erinnerung behalten, die wie die ganze Stadt unter einer Glocke von hartnäckigem Staub und unerträglicher Hitze liegt.

Die Heirat der Prinzessin von Preußen mit dem künftigen Zaren trifft sich gut, denn sie stärkt die Verbindung zwischen den beiden Ländern in einem Europa, das seit den napoleonischen Kriegen immer noch destabilisiert ist.

Bei dem Empfang nach der kirchlichen Zeremonie hatte ich Gelegenheit, diskret die junge Ehefrau zu betrachten. Ich finde sie ziemlich mager und, wie mir scheint, im Gesicht von einem Tick heimgesucht. Dennoch strahlt ihre jugendliche Gestalt eine unbestimmbare Anmut aus. Als hätte die künftige Zarin meine Gedanken gelesen, wendet sie den Kopf in meine Richtung und fixiert mich plötzlich aus ihren blauen, sanft blickenden Augen. Sie kommt auf mich zu. Mein Benimmunterricht kommt mir wieder in den Sinn, und ich mache einen Hofknicks, der meine Verlegenheit wohl nur schlecht verbirgt. Sie betrachtet durchs Fenster den Fluss Newa, der in dieser weißen Nacht von einer blassen, flach einfallenden Sonne beschienen wird. Sie lächelt mir zu: «Wir sind wohl die Einzigen, die für diese Lichtreflexe auf dem Wasser empfänglich sind.» Ich strenge mich an, dem Gespräch gewachsen zu sein: «Dies ist mein erster Besuch in Petersburg, und ich kann mein Glück noch nicht ganz ermessen.» Hinter mir taucht Großfürst Nikolaus auf, eine riesige Gestalt. Ich bin so eingeschüchtert, dass mir die Knie schlottern. Seine Stimme ist tief und feierlich: «Madame, ich werde Sie der Gegenwart Ihrer Majestät meiner Gattin berauben, aber seien Sie versichert, dass wir uns wiedersehen werden.»

Am Ende des Galadiners, dessen Pracht meine Sinne blendet, beugt sich ein Majordomus über die Schulter meines Mannes. Wir werden gebeten, mit Othmar den Kaffee im Salon des künftigen Zaren einzunehmen. Ich ahne, dass mein geläufiges Französisch den Großfürsten interessiert und mein holpriges Deutsch die künftige Zarin amüsiert hat, denn beide Sprachen sind im zaristischen Russland sehr in Mode. Ich bin verblüfft über die Gewandtheit meines Sohnes. Er wechselt vom Russischen ins Französische und vom Französischen ins Deutsche, um dem Großfürsten ohne Prahlerei seine Liebe zu Pferden zu verdeutlichen, während Prinzessin Alexandra Fedorovna, wie sie von mir genannt werden will, mich mit Fragen zu meinem Beruf als Hebamme bestürmt.

Am späten Vormittag des nächsten Tages weckt uns ein

Meldegänger und übergibt meinem Gatten ein Schreiben. Wir haben den Befehl, uns am Nachmittag mit der ganzen Familie im Arbeitszimmer Seiner Majestät des Großfürsten einzufinden. Diese Verabredung beunruhigt meinen Mann. «Gewöhnlich gibt Nikolaus seine Befehle, ohne sie den Untergebenen zu erklären, und alle Russen gehorchen ihm, selbst wenn sie seine Gedanken nicht verstehen. Ich muss Ihnen gestehen, liebe Gatttin, dass diese Verabredung mir Sorgen macht. Der Großfürst kennt nur die strenge militärische Disziplin, und er will, dass sie von der ganzen Bevölkerung eingehalten wird. Wahrscheinlich hat das gestrige Verhalten von einem von uns ihn verärgert.» Da steigt die Röte in Othmars Gesicht. Ich habe meinen Sohn noch nie so verlegen gesehen, auch wenn er dem Blick meines Mannes standhält. Er zappelt auf seinem Stuhl wie ein Kind, das seine Schulaufgaben nicht gemacht hat.

– Ethel Proutdoski, eine junge Frau, die ich nicht kannte, und ich sind in derselben Quadrille platziert worden. Bei einer Polonaise haben wir uns dann nebeneinander wiedergefunden, und Ethel hat den Tanz angeführt, damit ich mich in der Prozession der Paare nicht lächerlich machte, die in den prunkvollen Sälen zum Klang der Musik vor der königlichen Familie vorbeizog …

– Und dann?, fragte mein Mann.

Ich sehe meinen Sohn mit anderen Augen. Er ist ein Mann geworden. Verführerisch obendrein. Er erzählt weiter:

– Nun ja, wir haben viel getrunken. Der französische Champagner hat uns euphorisch gemacht, und ohne es eigentlich zu wollen, befanden wir uns plötzlich allein hinter einem schweren Vorhang. Ethel hat mir die Hand auf den

Mund gelegt, um unser unbeherrschbares Lachen zu unterdrücken. Ich habe ihr die Hand geküsst, dann ihren nackten Arm, dann haben wir den Kopf verloren. Plötzlich riss der linke Teil des Vorhangs auf, und die Höflinge überraschten uns in einer Haltung …

– Einer Haltung?

– Sagen wir … in der Öffentlichkeit nicht korrekten Haltung.

Miron Cheremetiev, dessen natürliche Schamhaftigkeit einer harten Prüfung unterzogen wird, erhebt die Stimme nicht, vielleicht weil er nicht Othmars Vater ist. Nach einer Pause findet er die richtigen Worte, um seine Missbilligung auszudrücken:

– Die junge Hofdame und du habt die goldene Regel nicht beachtet, um in diesem Land und besonders am Hof zu überleben. In Russland tut man, wie ich schon deiner Mutter gesagt habe, was man will, vorausgesetzt, keiner sieht es und keiner weiß es. Proutdoski? Ich kenne diese angesehene Familie, fährt Miron fort. Sie sind Juden, die die Milde der Zarenfamilie ihrem Talent als Händler mit Deutschland und dem daraus resultierenden Vermögen verdanken. Allerdings glaube ich nicht, dass Ihr unschickliches Verhalten der Grund für unsere Einbestellung vor den Großfürsten ist. Für ihn, wenn er davon wusste, was mich erstaunen würde, wäre diese Lappalie etwas, das seine Sbirren erledigen. Nein, es muss etwas anderes vorgefallen sein, aber was?

Am nächsten Tag antichambrieren wir und sehen viele Höflinge mit undurchsichtiger Miene, gebeugt und unterwürfig vorbeiziehen. War mein Mann vielleicht als Liberaler beim Großfürsten denunziert worden, der eine heilige Abscheu gegen republikanische Ideen hat? Endlich empfängt

Nikolaus Miron, Othmar und mich in seinem nüchternen Arbeitszimmer, in dem nichts vom Luxus des übrigen Palastes zu spüren ist. Ein spartanisches Feldbett mit einem strohgefüllten Plumeau. Es erinnert mich an das Liebesbett mit Frederick und das dumme Gänschen, das ich in Leukerbad in der Pension Monet war. Die üblichen Verbeugungen vor dem künftigen Zaren auf seinem Mahagonistuhl vertreiben meine Melancholie. Ohne Höflichkeitsfloskeln ergreift der künftige Souverän das Wort. Mit verschlossenem Gesicht und ernster Stimme wendet er sich an Miron: «Der große Peter der Große hat die Schaffung und Leitung unserer nationalen Marine erfolgreich einem Genfer anvertraut, François Lefort. Seitdem haben die Regierungen der Zaren sich daran gewöhnt, den Schweizern zu vertrauen. Zar Alexander I., mein großer Bruder, verdankt seine vorzügliche Erziehung seinem waadtländischen Lehrer, Frédéric-César de la Harpe. Zwar hat Ihr Landsmann mit seinen liberalen Ideen, die ich missbillige, meinen Bruder beeinflusst, aber die Schweizer sind genau, gewissenhaft und treu. Man kann sich auf sie verlassen.

So erfahre ich aus dem Mund des künftigen Zaren höchstselbst, dass mein winziges Land an den Grenzen Europas bekannt ist. Unwillkürlich überläuft ein Schauer des Stolzes meinen Rücken. Damit sind meine Überraschungen noch nicht zu Ende. Mit einer leichten Kopfbewegung weist der Großfürst auf das Porträt seiner jungen Gattin Alexandra Fedorovna an der Wand. Er schaut mich nicht an und wendet sich weiter an Miron: «Ihre Hoheit die Großfürstin hat den Wunsch geäußert, dass Ihre Gattin Evgenia Cheremetieva als Hofhebamme in ihren Dienst aufgenommen wird. Da Ihrer Hoheit Alexandra Fedorovna am christlichen Zusammenhalt der Familienzelle liegt, hat sie mich davon überzeugt, die Familie nicht auseinanderzureißen und daher auch Sie, Monsieur Cheremetiev, nach Petersburg kommen zu lassen. Sie werden im Dienst der Zarenfamilie stehen. Ihre Berufungen und die Ihres Sohnes werden Ihnen binnen Kurzem mitgeteilt. Sie dürfen sich zurückziehen.»

Am 17. Februar 1818 holte ich das erste Kind von Alexandra Fedorovna auf die Welt. Der künftige Zar höchstselbst wohnte der Geburt bei. Sobald die Wehen der Mutter einsetzten, vergaß ich meine Angst, mit einer so prominenten Gebärenden zu tun zu haben, und entband die Prinzessin, wie ich jede andere Frau entbunden hätte, selbst eine Leibeigene. Als ich das Geschlecht des Säuglings sah, sagte ich mir: «Ruhig Blut, ich habe den nächsten Zaren aller Reußen in den Händen.» Die Eltern vergossen Freudentränen, als erstes Kind einen Jungen gezeugt zu haben. Sie haben ihn Alexander genannt. Die Zarin nannte ihren erhabenen Gatten bei einem Kosenamen, Nixa für Nikolaus, und es gibt wohl sehr wenige im weiten Russland, die ihn außer uns kennen. Die Zärtlichkeit zwischen den Gatten ist aufrichtig und hat mir die Augen vor Reue verschleiert. Miron und ich sind ein vereintes Paar, aber mein Gatte ist zeugungsunfähig. Zudem habe ich bemerkt, dass sein Samen fast durchsichtig ist. Nach unserem Umzug nach Petersburg wurde Miron Cheremetiev wieder in seinem liebsten Beruf tätig, als Arzt. Der Großfürst hat ihn zum Leiter des Männerflügels des Dolgauz-Hospitals ernannt, in der Nähe des Fontanka-Flusses.

Othmar wird wahrscheinlich mein einziges Kind bleiben. Ich habe ihn seit Monaten nicht gesehen. Seine wissenschaftliche Pferdemedizin hat den Hof erobert. Für die Kavallerieschule des Zaren durchstreift er Woche für Woche von Norden bis Süden die tristen Ebenen Russlands. Seine Arbeit besteht darin, für die kaiserlichen Ställe die besten Vollblüter auszuwählen. Ohne klaren Befehl sucht er diskret nach Rasse-Ponys, die bald die Ehre haben sollen, vom kleinen Alexander geritten zu werden.

Tagebuch von Evgenia Cheremetiev
1820

Wenn er nach Petersburg zurückkommt, wohnt Othmar öfter in dem kleinen Palast der Familie von Ethel Proutdoski als bei uns. Es wäre Sitte, dass wir Ethels Eltern offiziell zu uns einladen, um ihre Zukunft zu besprechen, doch ihr Vater ist uns zuvorgekommen, wodurch er zeigt, dass ihre Familie in der zaristischen Hierarchie einen höheren Rang hat als wir. Ich habe weder im Wallis noch in Zürichtal Juden gekannt, oder ich habe keinen Unterschied zwischen ihnen und mir gesehen. Man sagt, dass sie vor den Mahlzeiten viele religiöse Rituale befolgen. Aber nichts dergleichen habe ich bei der Familie Proutdoski gesehen, mit der wir nie über Religion reden – aber was für Feste! Kaviar, Lachs, Hering ohne Kopf, dazu Pilze, Salat und Pastetchen. Nach diesen Entrees der Hauptgang, ein nach jüdischer Art gefüllter Karpfen, und dann Wodka mit Wasser oder pur. Ich habe schnell begriffen, dass Ethel die einzige Tochter des Ehepaars ist, und später am Abend merkte ich mit einem leisen Stich der Eifersucht im Herzen, dass Ethels Eltern Othmar bereits mehr als Sohn denn als Schwiegersohn adoptiert hatten. Othmar ist mir gegenüber zurückhaltend und strömt nicht über vor Zärtlichkeit. «Die Erinnerungen an meine frühe Kindheit sind verworren», erinnerte er mich an diesem Abend, «aber ich hätte gewollt, dass mein Vater an meiner Hochzeit teilnimmt.» Mir kam diese Mitteilung wie ein Dolchstoß vor, während Othmars Absicht offenbar nur war, mir einen kleinen Stich mit dem Taschenmesser zu versetzen.

Eine augenblickliche sexuelle Anziehung, man kann es auch Liebe auf den ersten Blick nennen, hat Ethel und Othmar zusammengeschweißt. Die beiden göttlich schönen jungen Erwachsenen teilen die Leidenschaft für Vollblüter. Mit ihrem sanften Lächeln, einer herrlichen Gestalt, aber breiten Hüften und einem arroganten Hinterteil, hohen und festen Brüsten ist Ethel eine voll erblühte junge Frau. Hinter ihrer Anmut verbirgt sich eine außergewöhnliche körperliche Kraft, die ihr zum Bändigen der Pferde nützt. Othmar wiederum ist wie eine Ephebenstatue aus dem alten Griechenland gebaut. Beide verstehen sich aufs Pferdeflüstern, und mag auch die Beständigkeit des Begehrens zufällig sein, hält die Affinität zu Pferden doch jahrzehntelang. Evgenia ist von der natürlichen Freundlichkeit von Ethels Eltern bezaubert und hingerissen von der Freiheit ihres Denkens. Sie akzeptieren einen angesehenen Mann aus einer zwar aristokratischen, aber nicht-jüdischen Familie als Schwiegersohn. So schützen sie vielleicht ihre Nachkommen. Russland ist für den Antisemitismus ein fruchtbarer Boden, und die Judenpolitik der Zaren schwankt grundlos zwischen Wohlwollen und Repression. Ethel Proutdoskis Familie bekennt sich zu ihrem Judentum, aber sie hält sich nicht an die zahllosen Regeln dieser Religion, die dazu dienen, den Tod zu verleugnen, erklärt Ethel ihrem Liebsten, «wie jeder religiöse Glaube», bekräftigt Othmar, worin der Einfluss der ikonoklastischen Überzeugungen seiner Mutter auf seine Erziehung zu erkennen ist.

Ethels Vater hat für das Ehegelöbnis nur ein einziges, allerdings großes Zugeständnis erbeten. Er wünscht, dass das Paar sich für den Familiennamen Proutdoski entscheidet, da Miron nicht Othmars Vater ist. Auf Drängen ihres Sohnes hat Evgenia in dem Gefühl zugestimmt, die Erinnerung an Frederick Zen Zaenen zu verraten.

Großfürst Nikolaus war dazu bestimmt, seinem Bruder Alexander, der 1825 stirbt, auf dem Thron aller Reußen nachzufolgen. Von Beginn seiner Herrschaft an bestätigt Nikolaus I. seinen Ruf, seine Grausamkeit und seinen Mangel an Menschlichkeit, sobald seine Autorität angetastet wird. Hohe Offiziere und Adlige verschwören sich, um dem neuen Zaren eine liberale Verfassung aufzuzwingen. Überzeugt, dass die ungeteilte Herrschaft der Zaren von Gott gewollt ist, unterdrückt Nikolaus I. diese bewaffnete Rebellion ohne Erbarmen. Dutzende Offiziere und ihre Familien werden auf Lebenszeit in Strafkolonien verbannt. Die Füße in Ketten, verlassen sie Petersburg in Richtung Sibirien. Fünf Verschwörer werden an einem Galgen gehängt, den ein Henker aus Schweden erbaut hat, da die Todesstrafe in Russland abgeschafft war. Als die Klappe des Galgens sich öffnete, rissen drei der fünf Stricke unter dem Gewicht der Körper. Die verletzten Überlebenden, noch mit dem Schild «Königsmörder» auf der Brust, werden nicht begnadigt. Die Assistenten des Henkers brauchten über eine Stunde, um neue Stricke zu finden. Diesmal hielten sie. «Trauriges Land, wo man nicht mal zu hängen versteht», waren die letzten Worte eines der Verschwörer, Sergej Apostol.

Durch diese missglückte Hinrichtung brechen Othmars geheime Verletzungen auf, vielleicht auch sein unwillkürlicher Groll gegen seine Mutter. «Ich frage mich», flüstert er ihr zu, «was Papas letzter Gedanke war, als er sich den Strick um den Hals legte. Hat er sich gefragt, ob man, wenn man tot ist, weiß, dass man tot ist?»

Tagebuch von Evgenia Cheremetiev

Fortsetzung

Ein Jahr nach der Geburt des Zarewitsch Alexander unterstützte ich die Zarin Alexandra Fedorovna bei der Geburt von Marie, der achtunddreißig Monate später die von Olga folgte. Dazwischen hatten wir das Unglück, zwei tot geborene Mädchen auf die Welt zu holen, unter sehr strapaziösen Umständen für die Gesundheit der Zarin, die von diesen pausenlosen Schwangerschaften immer erschöpfter ist. Es steht mir nicht zu, dem Zaren zu erklären, dass er das Leben seiner Gattin aufs Spiel setzt. Seine Majestät respektiert die göttliche Ordnung auch im Ehebett und weigert sich, Vorsichtsmaßnahmen zu treffen, wenn er Alexandras Weiblichkeit beehrt.

Die Sitten am Hof haben mich gezwungen, zahlreiche Abtreibungen durchzuführen, zumeist ohne dass die betroffenen Herren Bescheid wussten. «Tut, was ich sage, aber nicht, was ich tue», scheint die Verhaltensregel der Höflinge zu sein. Alle brünstigen russischen Männchen, ob Schäfer oder hohe kirchliche Würdenträger, ob Muschiks oder Fürsten, betrachten die Frau als Objekt für die Unzucht.

Mir bleibt die Scham erspart, einen solchen Sohn zu haben. Othmar ist wahnsinnig verliebt in Ethel. Das Paar wohnt in Zarskoje Selo, ungefähr fünfundzwanzig Kilometer von Petersburg entfernt. Othmar assistiert in der Region auf Befehl Nikolaus I. einem schottischen Architekten beim Bau einer Pferde-Nekropole. Den Nutzen dieses Bauwerks habe ich noch nicht verstanden, außer dass er an die grenzenlose Leidenschaft des Zaren für Pferde erinnert, Tiere, die in den Augen Seiner Majestät kostbarer sind als seine fünfzig Millionen Untertanen.

Zu Beginn der 1830er-Jahre, einem Osterdienstag, erinnere ich mich, bestellte mich Seine Majestät der Zar in sein immer noch spartanisches Arbeitszimmer. Ich blieb stehen, und er befahl mir, mich für eine lange Reise zu rüsten, ohne mir Grund und Ziel dieser geheimen Mission zu erklären. Schon am ersten Tag erfuhr ich durch geschickte Fragen an den Kutscher, dass das Ziel der Reise Smolensk war, etwa fünfzehn Tagesreisen von Petersburg entfernt. In Smolensk wurde ich in der Geburtsklinik untergebracht. Ich sollte Marianne de Rutenskiöld bei der Geburt helfen, der Frau von Iossif Wassilievitch Koberwein, einem Staatsrat der Privatkanzlei Seiner Majestät. Warum diese Geheimniskrämerei? Warum ich? Warum achthundert Kilometer von Petersburg entfernt? Youzia Iossifovna Koberwein kam am 12. Mai ohne Probleme zur Welt, und aufgrund verschiedener Hinweise begriff ich, dass der wahre Vater des heimlich zur Welt gekommenen hübschen kleinen Mädchens Nikolaus I. war. Ich habe es niemandem erzählt, aber bei meiner Rückkehr zeigte mir ein verständnisinniges Lächeln Mirons, dass es ein offenes Geheimnis war.

An diesem Abend lässt mein Sohn mich nicht zu Atem kommen. Seine Gattin und er laden uns und Ethels Eltern zu einem Aufenthalt in einem Badeort mit einem berühmten Mineralwasser ein, das sogar am Zarenhof serviert wird. Zum ersten Mal in meinem Leben nehme ich Ferien, wie man das nennt. Wir wohnen in einem Hotel, und ich liebe es, mich in den Schlammbädern zu entspannen, die sehr belebend für den Körper sind, versichert die Reklame. All das erinnert mich an Leukerbad und Frederick, wie er sich verliebte. Ich strenge mich an, mir diese zarten Erinnerungen aus dem Kopf zu schlagen, aus Angst, mich in meine Jugend zurückzusehnen. Während eines wilden, eher unterhaltsamen als therapeutischen Schlammbads bat Ethel mich, sie abzuhören. Sie flüsterte mir ins Ohr, sie sei schwanger. Schwanger in der Tat, aber mit Zwillingen, entdeckte ich schnell. Ethel bat, ich solle es Othmar beibringen. Beim Tee erzählte mir mein Sohn, viele Tiere, von Elefanten bis Bären, liebten es, sich im Schlamm zu wälzen. Ich fiel ihm unvermittelt ins Wort: «Ethel erwartet Zwillinge.» Kaum überrascht, antwortete er mit einem breiten Lächeln: «Ich hoffe, wir bekommen einen Jungen und ein Mädchen.»

DRITTER TEIL

Ethel war eine Frau mit üppigen Formen, wie gemacht fürs Gebären. Alles verlief sehr gut, und Othmar war glücklich: Er war Vater eines Jungen und eines Mädchens geworden, aber bei der Geburt war er nicht dabei, denn er musste zur Einweihung eines roten Backsteingebäudes in Zarskoje Selo bleiben, das als Ruhesitz für die von den Mitgliedern der Zarenfamilie gerittenen Pferde errichtet worden war. Nikolaus I. besucht seine einstigen Reittiere regelmäßig. Für sie empfindet er eine Zärtlichkeit, die er für seine Untertanen nicht hat. Neben diesem Heim für die alt gewordenen kaiserlichen Hengste und Stuten erstreckt sich die Nekropole der Zarenpferde, ein Friedhof, der ihre Überreste aufnimmt. Marmorplatten mit Namen, Geburts- und Todesdatum und den verschiedenen Glanzleistungen des Tiers markieren die Stellen, an der jedes einzelne Pferd begraben ist. Othmar ist der Cheftierarzt des Pferdealtersruhesitzes und muss auch die Bestattung der Kadaver der kaiserlichen Pferde überwachen. Die kleine Dalia und ihr Bruder Gad spielen, sobald sie laufen können, auf diesem Friedhof, manchmal beobachtet von ihrem Vater, und später betrachten sie es als Spiel, die Pferde zu füttern und zu bürsten.

1832 gebar Alexandra Fedorovna Prinz Michail, ihr zehntes Kind. Die ständigen Schwangerschaften hatten aus der Zarin vor der Zeit eine alte Frau mit fiebrigen Augen und bleichem Teint gemacht. Die Ärzte verboten dem Zaren jede erneute sexuelle Beziehung zu seiner Gattin. Seine Majestät fand anderswo Befriedigung für seine fleischlichen Bedürfnisse. Seine rigorosen religiösen Prinzipien vergessend, zwang er Alexandra Fedorovna eine Ménage à trois mit seiner offiziellen Geliebten Nelidova auf. Die junge Adlige wusste sich allerdings durch ihre Zuvorkommenheit das Wohlwollen der Zarin zu erwerben.

Im Alter vergeht die Zeit schneller, und die Jahre ziehen immer rascher vorbei. Evgenia und ihr Gatte Miron haben nun eine beneidenswerte gesellschaftliche Stellung und können daran denken, sich aus dem aktiven Leben zurückzuziehen. Sie haben sich in Zarskoje Selo eine Datscha neben der Othmars gekauft. Dort beginnen sie ihr drittes Lebensalter, und wie die meisten Großmütter schätzt Evgenia die Freude, ihre Enkel aufwachsen zu sehen. Doch Dalia und Gad, unfreiwillig Zeugen der vergehenden, schwindenden Zeit, halten ihr auch einen Zerrspiegel vor. Sie bewahrt ihr Heimweh nach dem heimatlichen Wallis für sich, auf dem Grunde ihres Herzens. Immer öfter quält sie der Gedanke an das ihretwegen verpfuschte, vielleicht auch zerbrochene Leben Fredericks.

Ungefähr zu dieser Zeit besuchte Jules Dupertuis, Mitglied einer von Waadtländern auf der Krim gegründeten Weinbaukolonie namens Chabag, seine Schweizer Landsleute in Zürichtal. Das erinnerte die Alten dort an Frederick, denn er war der

Einzige von ihnen gewesen, der Französisch konnte. «Er war ein einsamer Alkoholiker, traurig dem Wein und dem Wodka verfallen», erzählte Jules Dupertuis nach seiner Rückkehr nach Chabag. «Er war verbittert, denn wegen seines chronischen Alkoholismus war er seines Lehrerpostens enthoben worden und lebte kümmerlich. Wie er gestorben ist, wollte man mir nicht sagen. Und ich habe nicht weitergebohrt.»

Die Geschichte der Nachkommen der Deutschschweizer Kolonie Zürichtal endete tragisch. Die Kollektivierung der Böden der kleinen Gemeinschaft durch die Bolschewiken in den 1920er Jahren ging mit Hungersnöten und willkürlicher politischer Verfolgung einher. Die Überlebenden wurden zwanzig Jahre später, nach Hitlers Kriegserklärung an die Sowjetunion 1941, mit den meisten anderen deutschsprachigen Siedlern der Krim nach Sibirien deportiert, diesmal, weil man sie aufgrund ihrer Sprache verdächtigte, für Deutschland zu spionieren. Soweit wir wissen, hat kein Schweizer oder deutscher Siedler die stalinschen Straflager überlebt.

Evgenia starb eines natürlichen Todes, in den Armen ihres Sohnes. «Bei ihrem letzten Atemzug lag ein leises Lächeln auf ihren Lippen», vertraute er seinen inzwischen erwachsenen Kindern Dalia und Gad an, die gut in die russische Gesellschaft integriert waren. Sie wussten von der schweizerischen Herkunft ihrer Großmutter, aber nichts von den Mäandern ihres erstaunlichen Lebens, sonst hätten sie den Grund für ihr letztes Lächeln verstehen können: Ihr erhobener kleiner Finger suchte den von Frederick für eine letzte Liebkosung.

VIERTER TEIL

Im 20. Jahrhundert sind alle Protagonisten, aus deren Leben dieses Buch Bruchstücke berichtete, in den Mäandern der auf immer entschwundenen Zeit gestorben. Evgenia pflegte zu sagen: «Das ewige Leben ist reine Bauernfängerei. Wie soll man sich vorstellen, dass die Seele Napoleons mitten unter seinen Millionen Opfern herumhüpft?» Und was hätte sie erst gesagt, wenn sie von Stalins Gulags und Hitlers Völkermord an den Juden gewusst hätte?

Die Nachkommen von Frederick und Eugènie nach der Generation von Othmar und Ethel erlebten Weltkriege, Bürgerkriege, Naturkatastrophen und Revolutionen. Welches Erbe haben diese beiden hinterlassen? Die jüdische Abstammung der ganzen Familie, einen gewissen Wohlstand und eine Leidenschaft für Pferde, die, wie man sehen wird, ihrem Ururenkel Jossif Proutdoski unter außergewöhnlichen Umständen half, seinen Weg zu finden.

Wir befinden uns im Herbst 1905. Petersburg ist zum Herd revolutionärer Ideen geworden. Nikolaus II., der letzte russische Zar, unterdrückt das Aufbegehren des Volks mit Waffengewalt, und das Volk von Petersburg antwortet mit einem Generalstreik.

Anastasia Proutdoski, Nachfahrin von Ethel und Othmar, und ihr Mann Kesi, beide Akademiker und liberale Juden, befürchten einen Bürgerkrieg und beschließen, ihren sechsjährigen Sohn Jossif zum Lernen in ein renommiertes Schweizer Internat am Ufer des Genfer Sees zu schicken. Jossif ist ein kräftiger, lebhafter, intelligenter Junge. In seiner Freizeit widmet er sich dem Reiten. Wie seine Ururgroßeltern Ethel und Othmar hat er eine besondere Beziehung zu Pferden. Diese Tiere und er scheinen dieselbe Sprache zu sprechen. Jahr für Jahr befreundet sich Joseph (er hat seinen Vornamen verwestlicht) mit seinen westeuropäischen Mitschülern, den Erben großkapitalistischer Familien, Parfum- und Uhrenfabrikanten, Bankiers und Baumeister. Tagsüber ist Joseph ein natürlicher Anführer. Er sprüht vor Energie und brilliert ebenso in Sport wie in Musik und Literatur, seinen beiden Lieblingsfächern. Nachts quälen ihn ständig Albträume, weil er Heimweh nach seinen Eltern hat. Seine Mitschüler verbringen die Sommerferien bei ihren Familien auf der ganzen Welt, und Joseph bleibt in der Obhut der wenigen Aufseher allein im Internat. Tag und Nacht irrt er durch die Flure, Opfer seiner unerträglichen Einsamkeit. Der Ausbruch des Ersten Weltkriegs 1914 isoliert ihn noch mehr. Er erhält keine Post mehr von seinen Eltern, denen es zumindest gelingt, mithilfe eines Genfer Bankiers und Immobilienhändlers das enorme Schulgeld und die Pension für ihn zu bezahlen.

Im Februar 1917, nach der Abdankung von Nikolaus II. und dem Zusammenbruch des Zarenreichs, befürchtet Josephs Vater Kesi, seinen einzigen Sohn nie wiederzusehen. Er beschließt mit Zustimmung seiner Frau, trotz der mit dem Weltkrieg verbundenen Gefahren in die Schweiz zu reisen und Jossif nach Russland zurückzuholen. Um in dem vom Krieg verwüsteten Europa mit der Eisenbahn Grenzen zu überqueren, braucht es die unerschütterliche Beharrlichkeit, die der Familie Proutdoski zu eigen ist. Auf dem Hinweg geht alles mehr oder weniger gut, auf dem Rückweg ebenfalls – bis zu dem verhängnisvollen Tag: Kurz nachdem der mit Munition für die Ostfront beladene deutsche Zug die Vororte Berlins verlassen hat, sieht Jossif in dem verrauchten Waggon seinen Vater ohne ein Wort zusammenbrechen. Der junge Mann glaubt an ein Unwohlsein, doch den Vater hat ein Herzinfarkt niedergestreckt. Was tun? Man konnte die Reise unmöglich mit dem Leichnam fortsetzen. Die Zugchefs beschließen, den Toten in einem Wald neben den Schienen zu begraben. Soldaten, zu diesem Zweck von einem Militärgeistlichen kommandiert, der an die polnische Front will, bearbeiten den gefrorenen Boden mit Schaufeln. Doch Jossifs Vater wird eher unter dem Schnee als in der Erde begraben. Ein kurzes Gebet des Geistlichen, und die deutschen Offiziere drängen die Eisenbahner zur Weiterfahrt. Jossif hat keine Zeit, die Fassung zu verlieren. Er hat die Taschen seines Vaters durchsucht, um das Reisegeld in Gold, die den Militäroperationen angepasste Reiseroute und die für die Grenzübertritte nötigen Dokumente an sich zu nehmen. Unterwegs stellt er fest, dass das deutsche Schienennetz sehr gut und das russische vollkommen veraltet ist. Als er über Warschau schließlich in Moskau ankommt, hat Jossif alle Mühe, seine Mutter zu finden, da seine Eltern nach seiner Abreise in die Schweiz in die Hauptstadt gezogen waren. Moskau ist voller Flüchtlinge, Bauern, die vor dem Elend auf dem Land fliehen. Niemand denkt daran, Jossif, diesem kräftigen jungen Mann, etwas zu essen zu geben, der an den Ufern des Genfer Sees gut ernährt worden ist, aber seit einer

Woche einen leeren Magen hat. Schließlich findet das Sekretariat der liberalen jüdischen Gemeinde in Moskau die Adresse der Proutdoskis, und Jossif kann nach so vielen Jahren der Abwesenheit seine Mutter mit all seiner Liebe umarmen. In ihrer überschwänglichen Freude hat Anastasia Proutdoski das Fehlen ihres Mannes noch nicht bemerkt. Da erzählt Jossif ihr von den letzten Augenblicken seines Vaters. Sein nüchterner, beherrschter Bericht zeigt seiner Mutter, dass sie in ihrem Sohn einen neuen starken Mann zu Hause hat. Jossif versucht, trotz der galoppierenden Inflation und der politischen Wirren den Lebensunterhalt der Familie zu organisieren. Im Sommer 1917 wird er in die zwischen Anhängern der bestehenden Ordnung und Revolutionären gespaltene russische Armee einberufen. Die Bolschewiken haben Aufwind und bewaffnen sich mehr oder weniger heimlich, um eigene Bataillone zu bilden. Der Bürgerkrieg steht bevor.

– Soldat, Mama? Aber Soldat welcher Armee? Bei den Bolschewiken, die den Adel abschaffen wollen, oder bei den Weißen, die die Privilegien der Begüterten verteidigen?

– Durch unsere Geburt, antwortet sie, müssten wir für die Weißen sein, aber wie man hört, sind sie antisemitischer als die Revolutionäre.

Dieses Argument ist entscheidend. Jossif wählt die Rote Armee. Bei der Musterung blufft er. Er behauptet, zu Pferd kämpfen zu können. Zwar ist er ein ausgezeichneter Reiter, aber er hat noch nie einen Säbel gehalten. Die Fähigkeit, ohne Sattel zu galoppieren, das Pferd mit den Knien zu lenken und so die Hände zum Kämpfen frei zu haben, beeindruckt die Offiziere. Er wird in die Reihen der Kavallerie der entstehenden bolschewistischen Armee aufgenommen.

Seine Rekrutenausbildung ist wegen der Oktoberrevolution kurz und unorganisiert. Der Oberkommandierende Trotzki setzt bei den ersten Vorzeichen des Bürgerkriegs in dieser bunt zusammengewürfelten Truppe eiserne Disziplin durch und rekrutiert zu Tausenden Bourgeois wie Jossif Proutdoski. Historikern zufolge hat sich aus Angst vor der Unordnung, aus Patriotismus oder Eigennutz fast ein Drittel der zaristischen Offiziere der Roten Armee angeschlossen. Jossif ist von der Persönlichkeit Trotzkis begeistert, der 1919 in seinem legendären Panzerzug selbst an die Front in Kursk südlich von Moskau kommt.

Die zaristische Armee kapituliert 1922. Jossif Proutdoski übersteht den blutigen Bürgerkrieg unversehrt. Er kehrt an die Moskauer Lomonossow-Universität zurück. Fünf Jahre später verlässt er sie mit einem Abschluss in Literaturwissenschaft und Dramaturgie.

Da er geschickt zwischen den unterschiedlichen Machtblöcken laviert und dank seinen Heldentaten im Bürgerkrieg und seinem Ruhm als Künstler entgeht er den Säuberungen des unbarmherzigen sowjetischen Regimes. Als Reservist wird er 1943 im Rang eines Hauptmanns in die 222. Sturmdivision berufen. Er nimmt an der Befreiung des Vernichtungslagers Majdanek in Polen teil. Die Entdeckung der Berge von Schuhen jüdischer Frauen und Hunderttausender Schühchen jüdischer Kinder prägt ihn tiefer als die erbarmungslosen militärischen Kämpfe. «Bei diesem Anblick überwältigte mich ein übermenschlicher Hass gegen die Deutschen», gesteht er. «Wie konnten diese Menschen sich wie tollwütige Hunde aufführen und Frauen und Kinder ermorden?»

Daher will Jossif Proutdoski unter den Ersten sein, die die deutsche Grenze überqueren, um den Nationalsozialismus, das absolute Böse, zu zerschlagen. Im befreiten Berlin wird er von seinen Vorgesetzten als Mitglied des Kommandos ausgewählt, das die Aufpflanzung der sowjetischen Fahne auf dem Reichstag, dem Parlament des Dritten Reichs, nachstellen soll. «Das Foto von Jewgeni Chaldei ist zum Symbol für den Sieg der Sowjetarmee und das Ende des Nationalsozialismus geworden. Ich bin nicht auf dem Foto, ich habe im Wirrwarr der Inszenierung auch meine Schweizer Uhr verloren, die mir ein Uhrenfabrikantensohn im Internat geschenkt hatte. Ich habe diese Zeremonie fast vergessen, aber nicht die folgende, das erste Konzert des Chors der Roten Armee in Berlin. Ich kann meine Gefühle bei den ersten Klängen in den rauchenden Trümmern Berlins nicht beschreiben. Es war, als richtete sich dieses patriotische Lied an jedes einzelne der Millionen sowjetischen Opfer Hitlers, dieses wahnsinnigen Verbrechers. Diese Eindrücke aus der Vergangenheit kann keine literarische Beschreibung einfangen. Nur das russische Volk kann sich meine Gefühle in diesem Moment vorstellen. Ein paar Tage später lieh ich mir einen amerikanischen Jeep, um den Wald wiederzufinden, wo wir meinen Vater begraben hatten. Ich folgte den Bahngleisen in Richtung Polen, aber vergeblich.»

Joseph Proutdoski hat die schlimmsten Perioden der sowjetischen Nachkriegszeit überstanden, indem er zwischen Vorsicht und Misstrauen hin- und herlavierte. Und er hat es geschafft, die Schergen Josef Stalins und Leonid Breschnews mit seinen populären Operetten, mehr oder weniger offenen Adaptationen westlicher Erfolgsstücke, milde zu stimmen.

Sein gewandtes Französisch und seine subtilen Kenntnisse der politischen Sitten Moskaus sind weitere Eigenheiten, die ihn zu dem machen, was man heute einen «Fixer» nennt, manchmal auch zum warmherzigen Freund ausländischer Journalisten. Ende des vorigen Jahrhunderts begleitete ich ihn zur Premiere einer seiner musikalischen Komödien im Operettentheater an der Moskauer Dmitrovkastraße. Im für die persönlich geladenen Gäste des Autors reservierten dritten Rang war ich der einzige Zivilist. Alle anderen auf den etwa dreißig Sitzen in der Reihe waren von überlebenden Veteranen des Zweiten Weltkriegs in Galauniform besetzt. Stolz ließ Jossif Proutdoski den Blick über den überfüllten Saal schweifen. Am Ende der Vorstellung erhoben sich die ehemaligen Kämpfer und klatschten Jossif Proutdoskis Produktion minutenlang frenetisch Beifall. Alle hatten mindestens ein Dutzend imposante Orden an ihrer Weste hängen. Vom Klatschen in Schwingung versetzt, erzeugten die schweren Medaillen in eindringlichem Rhythmus ihren eigenen Klang. Eine Großspurigkeit, die vielleicht lächeln macht, aber wie viele Schmerzen, wie viel Heldentum steckte hinter diesen Auszeichnungen! Dem alten Jossif traten Tränen in die Augen. Er beugte sich zu mir und flüsterte mir ins Ohr, als wollte er die Gefühle vertreiben und wieder rational werden: «Ihr im Westen unterschätzt die Rolle der Roten Armee bei der Niederlage der Nazis.» Das war das letzte Mal, dass ich Jossif begegnet bin, dem fernen Nachkommen des ungeliebten Sprösslings einer walliser Patrizierfamilie, Frederick Zen Zaenen, und seiner im Val d'Hérens geborenen, von kräftigen jungen Männern aus dem Lötschental geraubten und adoptierten Frau Eugènie.

Beim Verlassen des Theaters mussten wir einem Schneesturm die Stirn bieten, wie man ihn nur in Moskau kennt. Der riesenhafte Jossif Proutdoski legte mir den rechten Arm

um die Schultern und flüsterte ein russisches Gedicht, das er
anschließend für mich übersetzte:
«Tödlich ist die Trunkenheit der Welt
Und du, mein lieber Freund, und ich
sind in ihrem Wirbel gefangen.»

Mit verschwörerischem Lächeln und vor dem Ansturm des
Schnees zusammengekniffenen Augen erklärte mir Jossif: «Das
ist von unserem Dichtergiganten Puschkin.»

Foto: Dieter Kubli

Raymond Vouillamoz wurde 1941 in Martigny im Kanton Wallis geboren. Nach dem Studium wurde er Journalist und Filmkritiker in Neuenburg. 1966 machte er ein Regiepraktikum bei Claude Goretta im TSR und schloss seine Ausbildung mit zwei Kurzfilmen ab. Seit 1970 drehte er zahlreiche Reportagen für die Sendung **Temps présent,** darunter Porträts von Mobutu, dem Diktator von Zaire (der heutigen Demokratischen Republik Kongo), oder von Reza Pahlewi, dem letzten Schah von Persien (Iran). Daneben adaptierte er einige Theaterstücke fürs Fernsehen, z. B. *Woyzeck* oder die *Bremer Freiheit* von **Fassbinder,** und drehte Fernsehfilme wie *Ce fleuve qui nous charrie* mit **Jean-Luc Bideau,** 1980 wurde er Chefproduzent für Fernsehfilme, 1990 Programmdirektor bei **France 3,** weshalb er nach Frankreich übersiedelte. 1993, wieder in der Schweiz, war er bis 2003 Programmdirektor beim **TSR.** 2005 kehrte er in seinen Beruf als Filmregisseur zurück und drehte für **ARTE** den mehrfach ausgezeichneten Film **Déchaînées** (dt. Frau und frei) und wurde von der französischen Regierung zum **Chevalier des Arts et des Lettres** ernannt. Von 1994–2017 war er Mitglied des Stiftungsrats der **Cinémathèque Suisse.**
Eugènie, die Magd des Kretins (La domestique du crétin des Alpes) ist sein erster Roman.

Raymond Vouillamoz
Eugènie, die Magd des Kretins
Tagebuch einer Reise

1. Auflage 2022
© 2022 bilgerverlag GmbH, Zürich,
www.bilgerverlag.ch

© Copyright der Originalausgabe 2019, Editions Mon Village, Sainte-Croix
Titel der Originalausgabe: *La domestique du crétin des Alpes*

Übersetzung aus dem Französischen: Barbara Heber-Schärer

Buch-, Satz- und Umschlaggestaltung: Dario Benassa, d.a.b.studio

Titelbild: Gravur von Abraham Samuel Fischer (1744–1809), *Blick auf Leukerbad*

Druck: Finidr s.r.o.

Der bilgerverlag wird im Rahmen des Förderungskonzeptes zur Verlagsförderung in der Schweiz vom Bundesamt für Kultur mit einem Förderbeitrag für die Jahre 2021–2024 unterstützt.

ISBN 978-3-03762-102-8

9 783037 621028

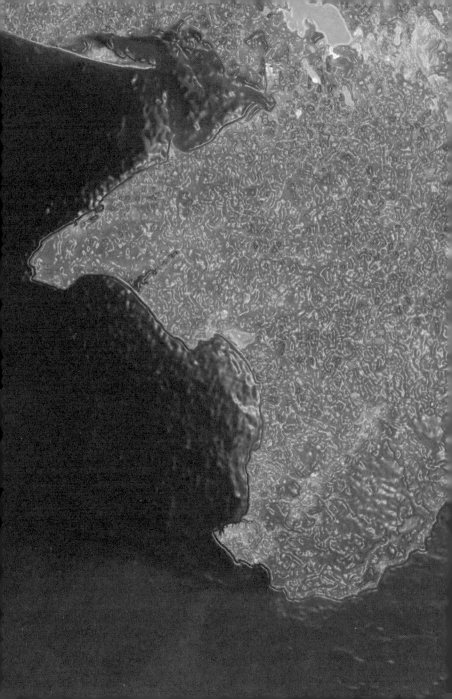